摛蛋

入门到精通

◆ ♣ 兰国伟·主编 ♥ ♠

化学工业出版社
·北京·

图书在版编目（CIP）数据

掼蛋入门到精通 / 兰国伟主编. —北京：化学工业
出版社，2024.5（2024.7重印）
ISBN 978-7-122-45274-0

Ⅰ. ①掼… Ⅱ. ①兰… Ⅲ. ①扑克—牌类游戏—教材
Ⅳ. ①G892.1

中国国家版本馆CIP数据核字（2024）第056448号

责任编辑：宋　薇　　　　　　　　　装帧设计：盟诺文化
责任校对：宋　夏

出版发行：化学工业出版社（北京市东城区青年湖南街13号　邮政编码100011）
印　　装：河北京平诚乾印刷有限公司
880mm×1230mm　1/24　印张8$\frac{1}{2}$　字数204千字　2024年7月北京第1版第2次印刷

购书咨询：010-64518888　　　　　　　售后服务：010-64518899
网　　址：http://www.cip.com.cn
凡购买本书，如有缺损质量问题，本社销售中心负责调换。

定　　价：59.80元　　　　　　　　　版权所有　违者必究

前 言

掼蛋是融合"打对门""升级""争上游"等扑克玩法精髓而形成的一项具有中国原创特色的体育项目，饱含浓郁的中华文化特色。

掼蛋的发源地是江苏淮安，2014年掼蛋成为淮安市级非物质文化遗产和城市特色体育文化品牌。在淮安市各有关部门、江苏省体育部门和各地有识之士的共同努力推动下，使掼蛋这项具有"千变万化的趣味性、方便易学的普及性、连续升级的竞技性和网络流行的快捷性"等特点的智力运动新项目深受越来越多人民群众的喜爱。

2017年1月，国家体育总局棋牌运动管理中心将掼蛋确认为全国趣味棋牌竞技化运动，并于2022年将其命名为"掼牌（掼蛋）"，2023年掼蛋成为第五届全国智力运动会表演项目，加快推进了全国范围内的规范化发展进程。

打掼蛋要用108张牌，两张特殊的红桃级牌更是促成了变化万千的牌型组合，打好掼蛋对技战术水平和搭档间的配合要求都很高，每出一手牌都富含着策略与智慧的较量，每打一局牌都充满了挑战与交流的氛围，由此吸引了众多爱好者乐在其中。如今的掼蛋是一种现代社会的人际交流方式，也是一种满足快乐、幸福生活的实现形式。

掼蛋入门比较容易，但是要想打得好、打得精、能获胜则并非易事，需要不断学习和努力实践，更不能缺少高阶实战技能和配合技巧的诀窍。本书是笔者从事掼蛋相关工作20余年的丰富经验的汇总，通过掼蛋常识、掼蛋入门、掼蛋精通三部分内容，从掼蛋的基础知识、术语、牌型、基本规则入手，循序渐进逐步过渡到配合的技巧、使用炸弹的技巧、进攻牌的技巧、防守牌的技巧、记牌的技巧、减少失误的技巧等诸多方面，并辅以大量实战牌例和 30 余个讲解视频，360 度全方位为读者解读了掼蛋的入门方法和牌技提升策略。

对于初学者，本书提供了扎实的零基础扫盲指导，帮你快速掌握掼蛋的基本规则和玩法，少走弯路；对于资深玩家，本书提供了更高层次的进阶路径，助力你提升对掼蛋技战术的深层次认知，帮你在掼蛋赛场上更加游刃有余。我们希望让各级别读者都能在轻松愉快的阅读中，逐步加深对于掼蛋技巧和掼蛋文化的理解，逐步提升掼蛋的技战术水平。

牌友们在打掼蛋时常会说：比赛无论胜负，重在减少失误；手气时好时坏，重在良好状态；牌场无需斗气，重在增进友谊。掼蛋如此，人生亦如此。以牌会友，交流沟通，合作共赢，才能在打掼蛋中收获满满的快乐与幸福。

本书由兰国伟任主编，由徐彦博和张芹任副主编，参与编写工作的还有张中原、李兆杰、徐澎、皮亮、张素芹、张怡。在编写过程中，笔者的掼蛋好友余明阳、朱洁、卞玉、程冠东、王留生、王培、刘湘、虞尚霖等同志以及笔者的家人都给与了很多支持，在此谨向他们表示衷心的感谢！

借此机会，还要向多年来曾给予笔者关心、支持和帮助的江苏、安徽以及全国各地掼蛋界的有关领导和各位掼友们一并表示衷心的感谢！

限于时间和精力，书中难免有诸多不妥之处，敬请大家批评指正。

兰国伟

目　录

第一部分　掼蛋常识篇

第二部分　掼蛋入门篇

第一部分

掼蛋常识篇

第一章　掼蛋的起源与发展

1. 掼蛋的名称

掼蛋，亦称为掼弹、淮安掼蛋等，国家棋牌运动管理中心2022年将其命名为掼牌（掼蛋）。

"掼"是当地的方言，意为从上往下摔东西，"掼蛋"其实就是当时的发明者借用打牌时掼（摔）炸弹的特点来对新牌种给予命名，这个名称既朴实又特色鲜明。

2. 掼蛋的发源地

目前得到各地一致公认的掼蛋发源地就是江苏省淮安市原南闸镇（现为漕运镇）地区。

淮安是全国历史文化名城，自古以来人杰地灵，不仅是一代伟人、总理周恩来的故乡，还涌现出汉初大军事家韩信，汉赋大家枚乘、枚皋，《西游记》作者吴承恩，清代围棋国手梁魏今，著名作家吴强、陈白尘、张贤亮，雕塑大师滑田友，摄影大师郎静山，京剧大师周信芳，淮剧大师筱文艳，中国语言学家、训诂学家许嘉璐等一大批永载史册的名字，足以佐证淮安人文的丰厚与淮安人民的聪明智慧。

原南闸镇政府办公楼外景

3. 掼蛋的主要发明人

据掼蛋最早的研究宣传者、南闸镇文化站原站长金矿先生介绍，掼蛋最早起源于 20 世纪 60 年代末至 70 年代初。主要是由当时南闸公社的孙兆成、樊越荣、耿志昌、陶万智（注：后三位已去世）等几位基层干部先后融合了打对门、四十分、红五星、争上游等当时多种扑克牌玩法创新而成的。

另据当地人介绍，掼蛋中的红桃级牌则是借鉴了在当地已有一百多年历史的小鬼牌（又称小纸牌）中的"红总王"逢牌配。

小鬼牌的部分牌张

4. 掼蛋规则的基本成型

掼蛋在本世纪初传入淮安市区以后，一些热心掼蛋的有识之士吸收了"双升"的特点对掼蛋打法进行了改进。淮安市体育局于 2010 年首次制订了《淮安掼蛋比赛规则（试行本）》，江苏省社会体育管理中心也于 2010 年制订了电子版掼蛋竞赛规则，从此逐步形成了掼蛋现阶段的主要打法。

5. 掼蛋的发展

2002 年起，掼蛋先后在江苏、安徽等地流传开来。2016 年以来，在江苏省和安徽省等地，掼蛋已经分别成为省级全民健身运动会与省级智力运动会的正式竞赛项目，有许多城市都已将掼蛋列入经常性竞赛项目。同时，各级掼蛋运动协会与掼蛋俱乐部纷纷成立，其中，江苏、贵州、海南、北京、新疆、上海等地已经先后成立了省级掼蛋（掼牌）运动协会，海外的加拿大、澳大利亚等国也都成立了掼蛋协会等组织。

（1）国家体育部门高度重视掼蛋项目规范发展

2017年1月，国家体育总局棋牌运动管理中心公布掼蛋成为全国趣味棋牌竞技化项目，标志着对掼蛋项目的初步认可。

2022年国家体育总局棋牌运动管理中心决定以"掼牌（掼蛋）"的名称，按照使掼蛋最终成为正式体育运动项目的目标积极开展有关工作，审定发布了《竞技掼蛋竞赛规则（试行）》，并在全国的十二个城市先后举办了"中国掼牌（掼蛋）公开赛"分站赛与总决赛。2023年10月，掼牌（掼蛋）比赛首次成为全国第五届智力运动会表演项目，代表掼蛋发源地参加申办的淮安掼蛋联合会最终获得了这次比赛的承办权。

第五届智力运动会掼蛋比赛

（2）掼蛋与马斯洛的需求理论

根据马斯洛的需求理论，人的需求从低层次到高层次分别为生理需求（吃饭穿衣等生存需要）、安全需求（健康、财产、工作等有保障）、社会需求（人际交流与精神文化需求等）、尊重需求（自尊、成就与受到尊重）和自我实现（实现理想与富有创造力等）。参加掼蛋交流活动，可满足人的社会需求，实现人际交流与情感归属。

现代化阶段	自我实现	发挥才能与实现理想
小康阶段	尊重需求 / 社会需求	情感与归属
温饱阶段	安全需求 / 生理需求	生存与生活

第二章 掼蛋的基础知识

　　掼蛋具有千变万化的趣味性、简便易学的普及性、连续升级的竞技性、网络流行的快捷性等主要特点。掼蛋不需要复杂而昂贵的器材与装备，也不需要太大的空间场地，随时随地可以参与其中。每局牌各人手中的牌型很少重复，比赛结果具有相对的不确定性，掼蛋时每每扔出炸弹又有着爽快的感觉，从而有了"饭前不掼蛋，等于没吃饭"等说法。随着不断发展，掼蛋已经有了稳定的竞赛规则，打牌流程规范，更容易使人产生荣誉感、获得感与满足感。

1. 掼蛋的比赛形式

掼蛋是由四名牌手两两结对相对抗的扑克项目。

2. 掼蛋的用牌

掼蛋需采用两副标准扑克牌（共 108 张牌）进行比赛，每名牌手都应各有其中的 27 张牌。

一副牌有 54 张，分为黑桃（♠）、红桃（♥）、方块（♦）、梅花（♣）四种花色，每种花色各有 13 张牌，分别为 2、3、4、5、6、7、8、9、10、J、Q、K、A，还有大王、小王各一张。

3. 出牌的方式

每一圈牌的领出牌者可以出单张、对子、三同张、三带对、顺子（五张）、三连对、三同连张、炸弹等规定的不同牌型。

各家可用相同的牌型或炸弹按逆时针顺序跟进压牌，直至无人再压牌时，则由这圈牌的最后压牌者再领出下一圈牌。

4. 掼蛋的游次

在每一副牌中，以四名牌手中最先出完全手牌的一位牌手为上游（亦称头游），其余依次为二游、三游、下游（即四游）。

5. 升级

只有上游方可以升级，并根据其搭档的游次来决定升级数。

6. 贡牌与还牌

下游方则需在抓好下一副牌后向上游方贡牌，受贡方要向贡牌方相应还牌。

7. 一局牌的胜负

一局牌最终以双方升级数的高低（最高为"过 A"）决定比赛的胜负。

8. 红桃级牌

掼蛋最突出的特点是每副牌都增加了两张红桃级牌（又称红桃参谋、逢人配、百搭）。由于红桃级牌可以任意搭配各种牌型，因此极大丰富了掼蛋比赛中各种技战术的组合变化。

第三章　掼蛋的术语

1. 本家、对家、上家、下家

这是四名牌手在比赛桌上的称谓，其中，牌手本人称为本家；本家的搭档称为对家；本家左手方的牌手称为上家；本家右手方的牌手称为下家。

2. 东家、西家、南家、北家

按比赛规则规定，在比赛桌上应该分别标出东、西、南、北方位，参赛的四名牌手需要在指定的方位入座。裁判人员需要根据所坐方位来对各位牌手进行识别与判罚。其中，东家是指坐在"东"方位的牌手；西家是指坐在"西"方位的牌手；南家是指坐在"南"方位的牌手；北家是指坐在"北"方位的牌手。

牌桌上的方位示意

3. 搭档

掼蛋是由四名牌手组成两对搭档进行的比赛，其中，东家和西家互为搭档，南家和北家互为搭档。

4. 比赛座位的安排

入座参赛时，东家与西家为比赛的一方、南家与北家为比赛的另一方，他们分别对面而坐。
以南家为例，南家的左手边是西家，右手边是东家，其对面为北家。

5. 全副牌

在一副牌中，四名牌手所抓（发）的全部牌张，共有 108 张。

6. 全手牌

在一副牌中，一名牌手所抓（发）的全部牌张，共 27 张。

7. 一副牌

四名牌手从抓第一张牌开始，到分别产生上游、二游、三游及下游。如果是打成"双下"（即同一方的选手分别获得上游和二游）时，则一副牌自然结束。

8. 一手牌

一名牌手一次所打出的牌，可以是一张也可以是多张。

9. 一圈牌

一圈牌是四名牌选手先后按领出的牌型相继出牌、逐级压制的过程。一圈牌中可以有人不出牌，连续三人过牌不出时，该圈结束。

10. 当圈牌

四名牌手分别出牌、跟牌或过牌一次的过程。

11. 领出牌

每圈牌首先出的一手牌，称为领出牌。

第一副牌的第一圈，是由抓到抽出的牌张者领出牌。

自第二副起，由向上游贡牌的下游者领出牌。

如不需贡牌，则由上游者领出牌。

12. 上游、二游、三游、下游和"双下"

第一个把全手牌出完的牌手是上游。

第二个把全手牌出完的牌手是二游。

第三个把全手牌出完的牌手是三游。

三游出完全手牌后，未出完牌的就是下游。

如果是同一方的牌手分别获得上游和二游，则对方被称为"双下"，这副牌自然结束。

13. 升级

只有获得上游的一方可以升级。

掼蛋比赛从打 2 开始。每副牌根据获得上游牌手的搭档获得二游、三游或下游的不同情况，确定上游方的升级数。

如果上游的搭档为二游（双下），则升三级；如其为三游，则升两级；如其为下游，则升一级。

14. 级数

级数是指每局牌从 2 至"过 A"，从小到大依次排列的每一个序数，包括 2、3、4、5、6、7、8、9、10、J、Q、K、A、过 A（亦称 A+）共十四个级数。

15. 过 A

A 级必须打，不能自然升过或跳过，也称为"硬过"。

打 A 级的一方为上游时，其搭档不能是下游才能过 A。

过 A 后一局比赛自然结束。

16. 级牌

牌点与本副牌所打级数相同的牌为级牌，共有八张。

级牌中的两张红桃级牌，既可以当级牌使用，又可以替代任意牌张（大王、小王除外）参与组成不同的牌型。

17. 记分

每打完一副牌在记分表上记录比赛结果，称为记分。

掼蛋比赛记分表

第　轮　第　台　时间：　年　月　日

编号	姓　名	一	二	三	四	五	六	七	八	牌级	场分

东西方签字：　　　　南北方签字：　　　　裁判员签字：

18. 一局牌

一局牌是由若干副牌组成的每轮次比赛胜负的基本单位。

一局牌的结束既可以是过 A，也可以是打完规定的副数或达到规定的时间。

19. 一轮比赛

一轮比赛是指两对牌手之间对阵比赛一次。一轮比赛可以是一局，也可以是多局。

第四章　掼蛋的 10 种牌型

掼蛋的 10 种牌型是掼蛋经过近 20 年发展而固定成型的，它既决定了掼蛋的基本打法，也是保障掼蛋规范发展的重要架构。

1. 单张

可以是手中的任意一张单牌，如 9 和大王。

2. 对子（俗称一对）

两张牌点相同的牌，两张牌的花色可以不同，如对 5 和对 K。

3. 三连对（俗称木板）

三对相连的牌，如 778899、JJQQKK。

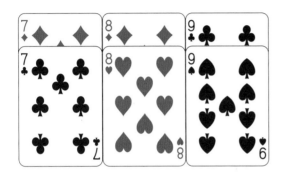
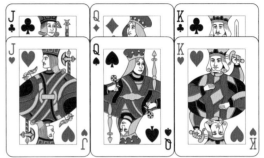

正确的三连对牌例

说明：必须而且只能是三连对作为一手牌同时打出，不可以二连对，如 3344 或 7788，也不可以四连对或四个以上的连对，如 AA223344，JJQQKKAA 等。

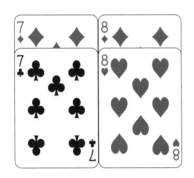
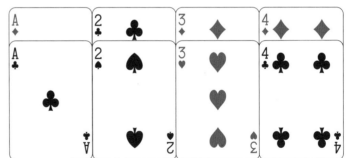

错误牌例

　　一对级牌可以按其自然顺序参加三连对同时打出。当 2 是级牌时，不可以打出 KKAA22，只能按照 223344 打出。而 AA 则既可以作为 AA2233，也可以作为 QQKKAA 打出。

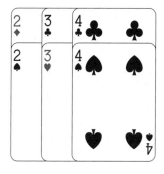 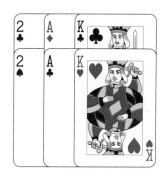

正确的三连对牌例　　　　　　　　　　错误牌例

4. 三同张（俗称三不带）

　　三张牌点相同的牌，三张牌的花色可以不同，如 666、QQQ 等。

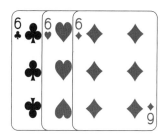 

5. 三同连张（俗称钢板）

两个相连的三同张牌，如 333 444，888 999。

说明：一手牌不可以有三个或三个以上相连的三同张牌，如 JJJQQQKKK 等。A 和 2 的使用与三连对相同。

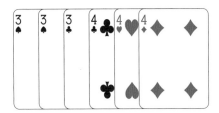 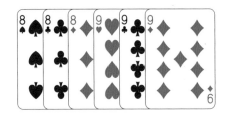

正确的三同连张牌例

6. 三带对（俗称夯）

三同张可以带一对相同牌点的牌作为一手牌同时打出，如 999+JJ。

说明：三同张不可以带一张牌，也不可以带两张牌点不同的牌。

 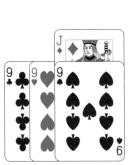 

正确的三带对牌例　　　　　　　　　错误牌例

7. 顺子（俗称杂花顺）

五张且只能五张相连的单张牌，花色可以不限，如 34567，8910JQ 等。

说明：当 A 和 2 在构成顺子时，可以 A2345 或 10JQKA，而不能组成 JQKA2（2 为级牌时）这样的顺子。

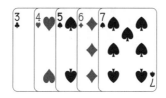 

正确的顺子牌例

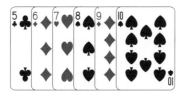  

错误牌例

8. 炸弹

四张或四张以上牌点相同的牌，如 4444、JJJJJ、777777 等。

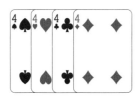  

9. 同花顺（俗称火箭）

五张且只能五张相连、花色相同的顺子，如红桃 34567，黑桃 10JQKA 等。

10. 四大天王（俗称王炸）

大小王各两张。

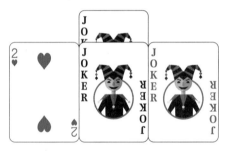

王炸牌例　　　　红桃级牌 2 不允许配王炸

第五章　牌点与牌型大小的比较

1. 牌点的大小

以打 2 为例，牌点（级别）由大到小排列为：大王、小王、级牌 2、A、K、Q、J、10、9、8、7、6、5、4、3。本章所有示例均以 2 为级牌进行讲解。

各种牌点的大小都不论花色。

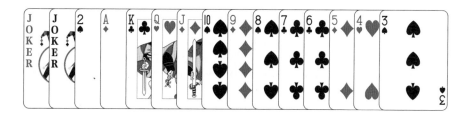

2. 牌型的大小

在单张、对子、三同张这三种牌型中，根据牌点来确定大小；在三连对、三同连张、三带对、顺子、同花顺这五种牌型中，则直接根据最大的牌点来确定大小。不是相同的牌型既不可以跟牌，更不可以比较大小。

说明：各种牌型的大小都不论花色。

3. 单张大小的比较

单张大小的排序按牌点大小排列，最大的是大王，最小的是 2（2 为级牌时则 3 最小）。

4. 对子大小的比较

对子大小的排序与单张相同，最大的是一对大王，最小的是一对 2。

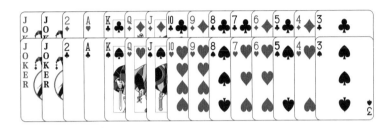

5. 三连对大小的比较

最大的三连对是 QQKKAA，以下按最大牌点排序，最小的三连对是 AA2233，级牌不可以上升参与组成 KKAA22（2 为级牌时）的三连对。大王和小王的对子也不可以参与组成三连对。

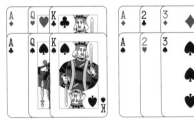

正确的三连对牌例　　　　　　　　错误牌例

6. 三同张大小的比较

最大的三同张是三张级牌 222，以下按牌点大小排序，最小的三同张是 333。

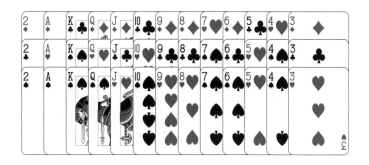

7. 三同连张大小的比较

最大的三同连张是 KKKAAA，以下按最大牌点排序，最小的三同连张是 AAA222（即使 2 或 A 是级牌时，这个三同连张也算最小的），级牌不可以上升参与组成 AAA333（3 为级牌时）的三连对。

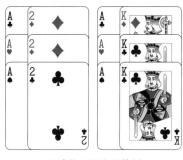

正确的三同连张牌例　　　　　错误牌例

8. 三带对大小的比较

以打 2 为例，最大的三带对是三张级牌 222+ 任意对子，AAA+ 任意对子及以下按三同张的最大牌点排序，最小的三带对是 333+ 任意对子。三带对仅比较三同张的大小，不比较所带对子的大小（2 为非级牌时则 222 的带对最小）。

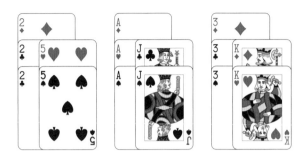

9. 顺子大小的比较

最大的顺子是 10JQKA，以下按最大牌点排序，最小的顺子是 A2345，级牌与大王和小王不可以上升参与组成 JQKA2（2 为级牌时）的顺子。

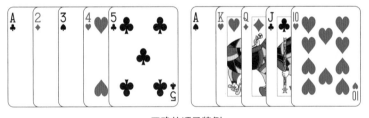

正确的顺子牌例

错误牌例

10. 炸弹大小的比较

炸弹可以炸单张、对子、三同张、三带对、三连对、三同连张、杂花顺七种牌型。

张数相同的炸弹根据牌点数确定大小。

① 在四张的炸弹中，以打 2 为例，四张 2 的炸弹最大，四张 3 的炸弹为最小（2 不是级牌时则四张 2 的炸弹最小）。

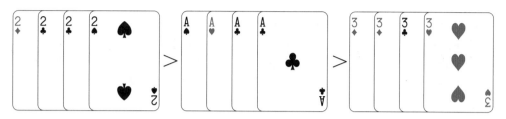

② 张数多的炸弹可以压张数少的炸弹而不比较牌点的大小。

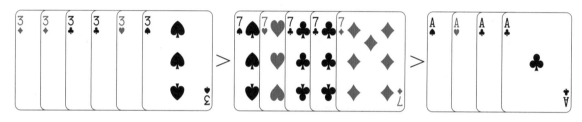

四张及以上炸弹大小的排列

③ 六张及以上炸弹大于（可以压）同花顺。

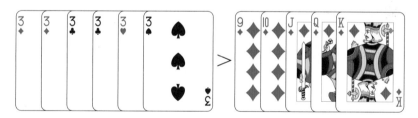

11. 同花顺大小的比较

同花顺可以压五张（含五张）以下的炸弹及其他各种牌型，牌点大的同花顺可以压牌点小的同花顺。

12. 四大天王

四张大小王作为一手牌齐出，是最大的炸弹，可以压所有的牌，而不论张数的多少。

13. 各种牌型大小的排序

四大天王、同花顺、各种炸弹与七种牌型大小的排列。

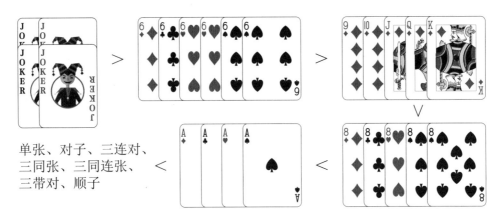

单张、对子、三连对、三同张、三同连张、三带对、顺子

第六章　红桃级牌、级牌与 A 的使用方法

第一节　红桃级牌的配牌方法

当打牌级数为 X 时，红桃 X 可以作为级牌使用，但是它主要应作为万能配牌（俗称为"逢人配"）来使用。因为有了红桃 X 的组牌变化，就使掼蛋牌局充满了变数，既有悬念迭生，更有意趣盎然。但是红桃级牌不可以配大王、小王对子或四大天王炸。

以下均以级牌为 2 时举例说明红桃级牌的配牌方法。

1. 配对子

例：梅花 8+ 红桃 2，算一对 8。

2. 配三连对

例：55667 或 55677+ 红桃 2，均算 556677 的三连对。

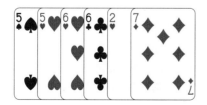 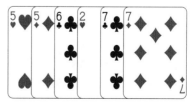

3. 配三同张

例：QQ+ 红桃 2，算三张 Q。

4. 配三同连张

例：33444 或 33344（任意花色）+ 红桃 2，均可算 333444 的三同连张。

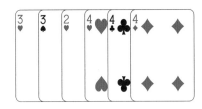 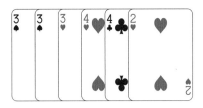

5. 配三带对

（1）与两个对子配成三带对

例：KK+66+ 红桃 2，可算三张 K 带一对 6。

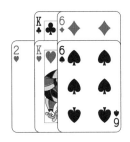 

左图正常算三张 K 带一对 6，右图算三张 6 带一对 K，必须在打出后立即说明。

（2）配单张的三带对

例：JJJ+4+ 红桃 2，可算三张 J 带一对 4。

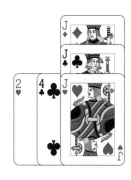

6. 配顺子

例：4568 或 4567（任意花色）+ 红桃 2，均可算 45678 的顺子。

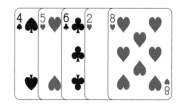 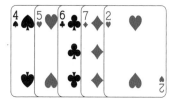

7. 配炸弹

（1）配四张的炸弹

例：666（任意花色）+ 红桃 2，算四张 6 的炸弹。

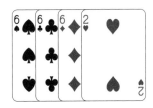

（2）配五张及以上的炸弹

红桃级牌配四张的炸弹，就组成了五张的炸弹，配五张的炸弹，就组成了六张的炸弹，以此类推。

例：4444+ 红桃 2，算五张 4 的炸弹；33333+ 红桃 2，算六张 3 的炸弹，尤其是配成六张及以上的炸弹，因其可以压住同花顺而更显威力，往往是高手们的最爱。

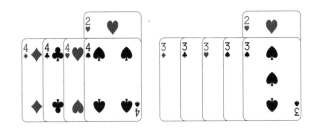

8. 配同花顺

例：方片 789J 或 78910+ 红桃 2，均算 78910J 的同花顺。

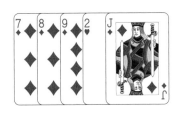 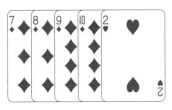

9. 两张红桃级牌同时使用配牌

（1）两张红桃级牌作为一个级牌对子使用

两张红桃级牌配对，算级牌对子。

（2）与一张单牌配成三同张

例：两张红桃级牌与一张 A 可以组成三张 A 的三同张。

（3）参与组成三连对

例：两张红桃级牌与单张 5+ 对 6+ 单张 7，可以组成 556677 的三连对，与 5577 或 5566 也可以组成 556677 的三连对。

 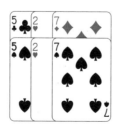 

右图也可以算 445566 的三连对，但是要在打出来后立即说明。

（4）参与组成三同连张

例：两张红桃级牌与单张 9+ 三张 8 可以组成 888999 的三同连张，与 88+99 也可以组成 888999 的三同连张。

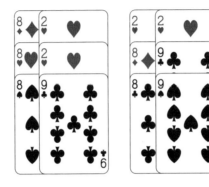

（5）参与组成三带对

例：两张红桃级牌与单张 A+44，可以组成 AAA+44 的三带对。

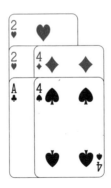

（6）参与组成顺子

例：两张红桃级牌与单张 7+9+10，可以组成 78910J 的顺子。

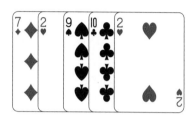

（7）参与组成同花顺

例：两张红桃级牌与梅花单张 10+J+K，可以组成梅花 10JQKA 的同花顺，与黑桃单张 10+J+Q, 可以组成黑桃 10JQKA 的同花顺。

（8）参与组成炸弹

两张红桃级牌与对子、三同张或四张及以上的炸弹分别组成四张、五张或六张及以上的炸弹。

 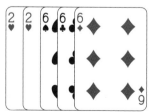 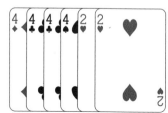

第二节 级牌插带的使用方法

1. 级牌允许使用的范畴

级牌允许按自然顺序插带在顺子或三连对、三同连张、三带对中使用。

2. 级牌大于 A 的使用方法

级牌在单张、对子、三同张和三张级牌的三带对使用时均大于 A 及其以下的牌点。

3. 级牌小于 A 的使用方法

在按自然顺序插在顺子、三连对或三同连张时，则不能大于 A。

4. 级牌插带使用说明（以级牌为 5 举例）

① 级牌插入顺子（含同花顺）时，分别可以参加组成 A2345、23456、34567、45678、56789 的顺子，但是不可以上升组成 JQKA5 的顺子。

正确的顺子牌例

错误牌例

② 级牌插入三连对时，分别可以参加组成 334455、445566、556677 的三种三连对，但是不可以上升组成 KKAA55 的三连对。

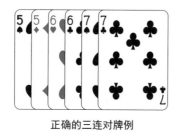 

正确的三连对牌例　　　　　　　　　　错误牌例

③ 级牌插入三同连张时，分别可以参加组成 444555、555666 的三同连张，但是不可以上升组成 AAA555 的三同连张。

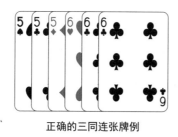 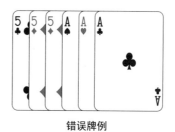

正确的三同连张牌例　　　　　　　　　　错误牌例

第三节　A 下放时的使用方法

A 在参加组成顺子（含同花顺）、三连对、三同连张等三种牌型时，可以算 1 点即最小的牌下放使用。

1. 组成顺子

A 可以参加组成 A2345 的顺子。

2. 组成三连对

A 可以参加组成 AA2233 的三连对。

3. 组成三同连张

A 可以参加组成 AAA222 的三同连张，但是，这个三同连张只能算最小的三同连张，即使 2 为级牌时也一样。

4. A 不允许被下放的情况

在非以上牌型的正常情况下，A 算大于 K 及以下的牌点，在单张、对子、三同张、三带对等牌型中，A 是不允许被下放算成是最小的 1 点而打出来的。

第二部分

掼蛋入门篇

第七章 掼蛋比赛的基本规则

1. 入座

比赛开始前，双方四名牌手应按指定的位置入座，入座后不得更改座位。

在记分表上方的一对牌手应坐东西方位。

在记分表下方的一对牌手应坐南北方位。

如果双方均等待对方先入座或有争议，则应采用双方同时独立填写入座具体方位的方式入座。

2. 洗牌

首副牌应由东家（或任意一家）洗牌，应彻底洗 5 ~ 7 次。

自第二副牌起，应由上副牌上游的上家洗牌，每次应彻底洗 2 ~ 3 次。

洗好牌后应放置在牌桌中间，洗牌者不能再切牌或翻牌（点）。

3. 切牌

首副牌，由南家切牌并翻出一张牌。

从第二副牌开始，由上游切牌，下游首抓牌。

切牌者应从牌墩中段切牌，不应数牌张切牌或只切上下五张以内的牌。

4. 抓牌

首副牌，依南家切牌翻出牌张的牌点，按逆时针方向点数出首抓牌者。

从第二副牌开始，由下游首抓牌。

双下时，由上游的下家首抓牌。

抓牌应按逆时针方向顺序进行。

5. 重洗与重抓

全副牌抓完，若发现牌张数不符，立即召请裁判，重新清点各牌手的全手牌。

经核实牌张不符后，须换牌重洗、重抓。

6. 出牌

首副牌由抓到翻出的牌张者首领出牌。

从第二副牌开始，由贡牌给上游者首领出牌。

如出现抗贡，则由上副牌的上游首领出牌。

须按逆时针顺序出牌。

领出牌者可以出任意牌型的一手牌，其余牌手须按序出牌，不断以牌点、牌型更大的一手牌或炸弹对前手牌进行压制。

若选择不出（不要）牌，称为过牌。

如果其它三名牌手依次选择过牌，则最后出牌的牌手下一圈领出牌。

三名牌手的全手牌出完时，一副牌自然结束。如果同一方的两名牌手分别获得上游及二游，则一副牌自然结束。

7. 出牌的方式

打牌时应按逆时针顺序先后出牌。

出牌时，应将一手牌一次性出完，不得分次出牌。

出顺子、同花顺、三连对和三同连张的牌型时，必须按牌点大小，从小到大、从左到右的顺序排列，一次性出完牌，牌张不得杂放。

出三带对牌型时，按三同张在左，对子在右的顺序排列。

每次打出的牌必须放在本家出牌区内；待一圈牌结束后，将出牌区内的牌牌面向下，按顺序置放于本家弃牌区内，牌手均不得查看。

8. 借风出牌

当上游或二游打完最后一手牌，余下各家均不压牌时，其搭档承接下一圈领出牌权。

9. 贡牌与还牌

（1）单贡与还牌

从第二副牌开始，由下游向上游进贡手中最大的一张牌（红桃级牌除外）。

上游应还一张牌点不超过 10 的牌给下游。如全手牌均大于 10，则还最小的牌。

（2）双贡与还牌

如上副牌双下，双下一方的两名牌手均要向对方贡牌，称为双贡。

上游选择贡牌中牌点较大的牌，其搭档选择牌点较小的牌，并对应还牌。若牌点相同，则按顺时针方向进贡，对应还牌。还牌时，将牌面向下，两位进贡者同时亮牌。

（3）贡牌、还牌后的领出牌

无论是单贡还是双贡，均由进贡给上游者首领出牌。

（4）抗贡

下游或双下方抓到两个大王，则抗贡，不再贡牌。由获上游者领出牌。

（5）贡错牌与还错牌

尚未出牌时，应退回牌张，重新贡（还）牌。

已经出牌的，则违规方应判负，按双下记分，下一副牌不贡还牌，由上副牌获上游者领出牌。

10. 报牌与问牌

（1）10 张报牌

在出完一手牌后，如手中剩余牌不超过 10 张，应立即报清楚牌张数。

比赛有要求时，要推送相应张数的报牌卡，不用口头报牌。

正式比赛时只能报一次牌。

（2）问牌

当牌手 10 张报牌或推送报牌卡后，其它三名牌手如未听清可以立即询问一次，以后不允许追问，该牌手也不得回答。

在群众性比赛时规定可以随时问牌和随问随报牌，以提高大家打牌的乐趣。

（3）未报牌或报错牌

违规者未及再次出牌（含过牌），可以收回重报重出。

违规者已再次出牌（含过牌），应收回已出的牌张，停止一圈出牌权或跟牌权。

违规者已出完全手牌的，应被判罚为下游。

11. 胜、负、平局的判定

（1）每局比赛的计分

打完一副牌要立即记分。

每局比赛分别按场分和级分（26 分制级差分）计分。

胜方场分得 2 分，负方得 0 分，平级双方场分各得 1 分。级分按 26 分制级差分换算表计算。

掼蛋比赛 26 分制级差分换算表

级差	0	1	2	3	4	5	6	7	8	9	10	11	12	≥13
胜方得分	13	14	15	16	17	18	19	20	21	22	23	24	25	26
负方得分	13	12	11	10	9	8	7	6	5	4	3	2	1	0

（2）一局比赛的胜负

一局比赛以双方升级级数的高低（最高为过 A 即 "A +"）决定比赛的胜负。

（3）在四种比赛方式中对胜负判定的方法

① 计局制：一方过 A 取胜结束，但必须一人是上游、另一人不是下游才能算取胜，否则需再继续

打"A"。

②计副制：每局要打比赛规定的副数，结束后以级数高者为本局胜方。

③计时制：每局按比赛规程的用时比赛，时间到则比赛结束，以级数高者为本局胜方。

④计时计副制：在达到规定的时间或规定的副数时比赛结束，以级数高者为本局胜方。

在以上四种比赛方式中，如比赛某方已过A则自然结束。如比赛结束时为平级，由双方平分场分和级分。

第八章　各种牌型的特点与作用

"流星白羽腰间插，剑花秋莲光出匣"，是唐代大诗人李白形容将士们携带各种武器出征时的壮观场景。在冷兵器时代，有刀、枪、剑、戟、斧、锤、箭、弩等很多种武器，而"十八般兵器样样精通"就是对武林高手或精兵强将的高度评价，意思是说他们武功高强，能够熟练使用多种兵器。

与此相类似的是，在掼蛋比赛中一共有 10 种牌型，其中包含有七种普通牌型和三种不同的炸弹牌型。如果能够加深对于这些牌型的特点与相互之间关系的理解，熟练掌握并随比赛牌局的变化而组合变化牌型，就能较快提升掼蛋技术水平。

这里把这几种牌型各不相同的作用，比喻为在掼蛋进攻与防守中使用的八种兵器（以下把三种炸弹牌型合称为一种兵器），更能形象地分析各种牌型的特点及其在牌局中的作用。

1. 单张

单张相当于兵器库中的七星宝剑，它虽然不适合在大场面的战争中使用，但是便于随身携带，非常适合在一对一的情境中使用。

牌局中的单张是指我们抓完牌，在组织搭配好各种牌型以后，剩下的几张数量不等的单牌，它们无法再组织到一起，只能一张一张来打。

单张的特点是没有任何灵活性与机动性，只能一次出一张，既影响到手数的多少，也影响到进攻的效率。

在实战中，即使你的牌力很强，却往往会因为有一两张单牌未能打出去而无法成为上游，这时，单张就会呈现较多的负面作用。反之，有些高手则因为有单张控牌的优势而一直坚持打单张，逼得对手不得不改变自己的牌型来拆牌应对，直至逼得对手先动用炸弹。这时，打单张便具有了能够控制牌局的积极作用。

因此，如何处理好单张牌，对于能否控制好掼蛋的牌局是一个很重要的问题。

如上图所示，这副牌的牌力相对比较强，又有一张大王，很有可能去争上游。但是，因为有一张小3和一张小6的单牌，套牌的机会不多，所以一有机会就要先打出一张小单张，而不能让它们在最后冲刺关头变成拖累。这就是掼蛋口诀中说的"两张小单张，不打不健康"。

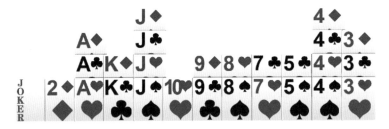

上图所示的牌例中，因为单张牌点比较大，一般情况下不用主动先打出去，可以等顺套过牌，有机会就先打三带对的牌型，接着打778899的三连对，这样上游就会很稳了。

2. 对子

对子相当于兵器库中的青龙偃月刀，挥起来猛砍一通，有可能会把对手砍得七零八落，甚至一溃到底。

在牌局中，对子可以有很多种使用方式。例如，可以配在三带对中，也可以组成三连对，还可以拆开组在顺子中，甚至可以被拆成单张来打。

下面所讲的对子，是指单纯只打一个对子的战法。

打对子的口诀是"情况不明，对子先行"。在你的单张牌不具有优势、牌力不是很强、其它的牌型也没有较大优势时，就可以采用先打对子的方法投石问路。但是，打对子太多时，手数就会比较多，进攻的速度会比较慢，而当对手在打出三带对等牌型时就会显得束手无策。打对子的作用主要有如下几种。

① 投石问路，很快就能试探出三家的态度与牌力情况。

② 主打对子是对付对手三带对牌型的有效方法，因为主打三带对时，一般其对子都会比较少，无法阻挡住你主打对子发动的连续进攻。

③ 当对方手中最后只有 5 张牌时，打对子就是控制他可能的 4+1（四张的炸弹＋一张单牌）的首选方法，从而减少对手轻易获胜的机会。

④ 坚持打对子往往会把对手的一对级牌、一对小王甚至一对大王给逼下来，这会大大减少其在单牌上的控制力，从而使己方在打单张牌时更具有优势。

需要注意的是，在主打对子发动进攻时，一定要考虑"有打有收"，即要有很大的对子接手，不然就会"肉包子打狗——有去无回"，反而会被对手用大对子接过去，从而把出牌的主动权送给了对手。

上图所示的这个牌例是很适合以主打对子发动进攻的牌型，只要搭档积极配合，就完全可以把打对子这一门牌型一直坚持到底，并很有可能获得上游。

3. 三连对

三连对相当于兵器库中的流星锤，打出去以后如同流星飞舞，令人手忙脚乱。

三连对的特点就是一次可以出六张牌，有效减少手中牌的手数，从而达到跑得快的目的。三连对属于比较特殊的牌型，一旦打出来就会给整个牌局带来相当大的影响，有时也可能会变成"出奇制胜"的有效武器。

打三连对的主要作用如下。

① 可以把最小的三个对子组织到一起，变废为宝。

② 打出后取得继续领出牌权的可能性会比较大。

③ 如果对手强行变牌阻击，可能会破坏其原有的牌型，打乱进攻计划。

④ 三连对一般会被高手们在牌局的中后程采用，在牌局刚开始就打出小的二连对，会很容易遭到对方变化牌型来进行阻击，而越到后面打出来，对方用变牌来进行防范与阻击的可能性越小，因而产生的威胁就越大，会达到在残局先逼对方开炸的目的。

⑤ 在残局阶段打出的三连对，经常是偷袭而成为上游的利器。

上图牌例中，当手中还有 10 张牌时，可以先上四张 10 的炸弹，这时还剩下一个三连对，对方会误认为你六张牌不会是一手牌而不跟炸，你就可以把这个三连对一下子打出去，从而偷袭取得上游。

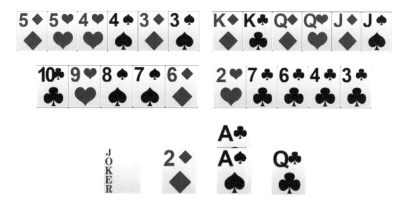

最上面图示的一副全手牌中，我们可以把它组成下面五张图形中所示的八手牌，包括两个三连对，一个顺子，一个同花顺，一个对子，三张单牌，虽然只有一个炸弹，但是仍然有机会争取成为上游。

4. 三同张

三同张相当于兵器库中的三股托天叉，一出手就不同凡响，让人摸不着头脑，只要连续打出几手，它的杀伤力就比打对子还要大。

三同张既可以带对子打出整手牌型，也可以与红桃级牌配成炸弹，还可以在参加组成顺子时余下一对牌，不给自己增添麻烦。

三同张的特点就是怪，俗话说"三不带、毒怪怪"。在比赛牌局中，不乏这样的牌例，就是连续打出三手三不带的牌，而两名对手还一张牌未出，又没有及时开炸阻拦你，就形成了接近冲刺的局面。

三同张的主要作用是形成破坏对方牌型的助攻打法，往往会在牌力不强，不大可能争到上游时采用。因为当一位牌手接连打出三不带时，就会逼得对手破坏自己的三带对等优势牌型来进行阻击，由此打乱对手原有的组牌与进攻计划，甚至把对手搞得手忙脚乱，从而为己方特别是为搭档在牌局中争得有利态势。

在牌局中连续打三同张的情况不是很常见，当一位牌手连续打出三同张（三不带）时，别人虽然不好接招，但是其牌路特点也会暴露无遗，就表明他的牌型中基本没有顺子，对子也比较少，炸弹也不会很多，但是单张有可能会比较多，所以其牌力并不会很强。

　　一般来说，打三不带的牌手，手中非常可能会有一两对的大对子，会在对手打对子时进行强有力的阻击。

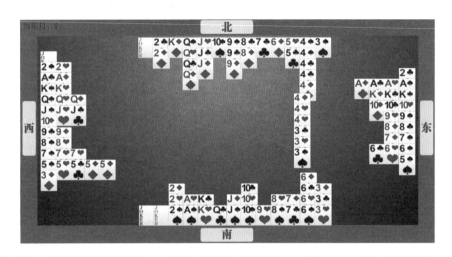

　　上图的牌局中，东家有领出牌权，这时，他就可以先打一手333444的三同连张，然后接着打出666的三不带、101010的三不带，因为他有一个KKK的三不带可以收回，就必然会让对手先动炸弹，如果对手仍舍不得使用炸弹，则再打出778899的三连对，这时还剩下单5、单2和四张A的炸弹，就会很接近成为上游了。如果逼得对手用开炸来封住他，就消耗了对手的实力，从而为其搭档获得上游创造了有利的条件。

5. 三同连张

　　三同连张相当于兵器库中的宣化斧，往往一打出来就势大力沉，让人猝不及防、难以招架。

　　三同连张的特点与三连对比较类似，一手牌可以打出六张，但是它的牌型比三连对还要特殊，在牌局中出现的机会相对更少，如果说三连对比较容易遭到对手变牌阻击的话，三同连张一旦打出来则往往令对手很头疼、很难压牌，因此，它也是减少出牌手数、以出奇而制胜的有效武器。

打三同连张的主要作用如下。

① 如果牌力不是很强，可以先出小的三同连张，搞乱对手的思路与节奏。

② 打出后可能会继续取得出牌权。

③ 大的三同连张是比较重要的牌力资源，不宜过早扔出去，因为它在牌局中往往可以拆开使用，既可以用来打三带对带走小对子，又可以用来阻挡对方的三带对、三不带或者对子等牌路。

④ 三同连张越是在牌局的中局或残局阶段打出来，对手越不好防范与阻击，因此产生的威胁就越大，至少可以逼对手先开炸从而消耗其牌力，甚至有可能用来成为偷袭成为上游或强攻成为上游的有力武器。

在上图所示这个牌例中，333444 的钢板有机会就要立即打出去，不打出去反而变成了累赘。但是 QQQKKK 的钢板就不要随便打出，留在后面用处会很多，也使己方的牌型保留了更多的变化。

6. 三带对

三带对相当于重装骑兵，人马一体，披坚执锐，是战场上重要的突击力量。

三带对的特点就是牌型相对比较固定、张数比较多，又比较容易组织，还能够起到以强（三同张）带弱（小对子）的作用，是牌手们在开始组牌时往往会优先考虑选用的一种牌型，也是掼蛋比赛时发起进攻的有力武器。

三带对的另一个特点是与其它各种牌型的兼容性相对比较差，当对手打其它的牌型时，主打三带对的牌手就会陷入比较被动的局面。因此，当其它的牌型有明显的不足或不强时，主打三带对反而会是比较好的选择。

打三带对的主要作用如下。

① 可以有效减少全手牌的手数，尤其是便于带走一些小对子。

② 跑牌的速度相对比较快，打一手就是五张，打两手就是 10 张，会给对手带来一定的威胁，甚至会逼得对手提早动用炸弹来封这个牌型。

③ 牌手如果具有打三带对的优势牌型，一旦打得比较顺利，很快就能形成冲刺争上游的局面。而如果手中其它的牌型也容易顺套，或者还有两个炸弹时，就有可能顺利夺得上游。

上图所示的这个牌例，虽然只有一个炸弹，但是有一张大王和一对级牌 2，只要有领出牌机会时就主打三带对，这样，把三个三带对都打出去之后，离上游就不远了。

7. 顺子

顺子相当于兵器库中的诸葛连弩，一发五张，二发十张，三发 15 张，打出去的速度很快且难于防守。通常来说，顺子多时，往往还会伴随有一两个同花顺，如果对方没有这种牌型来及时防范，就会形成比较大的威胁。

顺子的特点与三带对的特点比较相似，牌型相对比较固定，张数比较多，也是许多牌手一开始组牌时经常会优先考虑选用的一种牌型。

组顺子的另一个特点是缺乏变牌的灵活性，特别是在打出一两手顺子后，余牌就很难再组合成其它牌型来使用了。有时勉强组成一两手顺子，可能会余下比较多的单牌，从而增多手数，跟牌套牌会比较困难。

打顺子的主要作用如下。

① 可以将几张单牌串联起来，从而有效减少手数与小单牌的出手难度，会使己方手中的牌打得更加流畅。

② 在单张控牌实力不足，特别是单张较多又没有大王、小王时，就首先要考虑组成顺子的牌型。

③ 如果只有一手小顺子是不宜先打出去的，打出去就比较容易被对手接手，要尽可能等到接近残局阶段，看牌局情况再决定什么时候打出去。

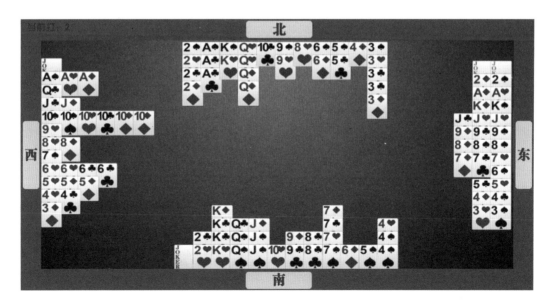

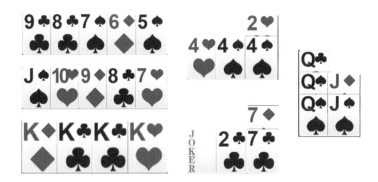

上面两张图所示的牌例，上图中南家的牌型看起来比较零乱，但是，只要如下图所示拆掉 7777 的小炸弹，组成 56789 和 78910J 的两个顺子之后，就减少了三张单牌，变成了八手牌，马上就成了上游的有力竞争者。

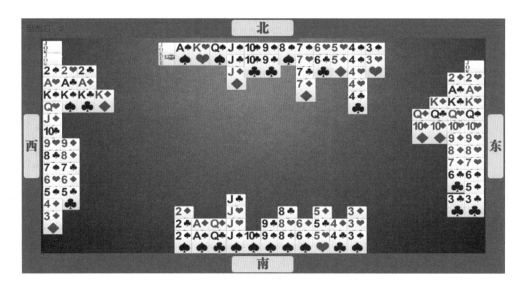

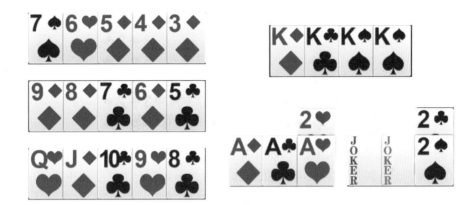

上面两张图所示的牌例，上图中西家的最佳的组牌方式就是如下图所示，分别组成34567、56789、8910JQ 这三个顺子，这样就把所有的小牌都组织起来了，而这时手中其余的牌张就只剩下两个较大的炸弹，还有大王、小王与一对级牌 2，这样组牌后，如果不是遇到对手的牌力非常强悍，不想打成上游恐怕都很难。

8. 炸弹

这里所讲的炸弹中，包括四张以上相同牌点的炸弹、同花顺及四大天王这三种炸弹牌型。

炸弹相当于兵器库中的各种火炮，"射穿百札，声动九天"，在冷兵器后期威力非常巨大，经常可以决定一次战争的胜负。而四大天王则相当于"红夷大炮"，具有"一炮定乾坤"的作用。同样，炸弹在掼蛋中的威力也非常巨大，常常会起到决定牌局胜负的重要作用。

炸弹的特点就是在牌局中拥有相当的管制权，可以随时用来打压、封盖住其它七种牌型中的任意一种，时不时打出个炸弹，也会在掼蛋时充满强烈的刺激性与浓厚的趣味性。

炸弹的作用主要如下。

① 炸弹数量越多则牌力越强，成为上游的希望也越大。

上图所示牌例为打 6 时，虽然大王、小王和 A 一张也没有（有一张红桃级牌 6），但是可以组成 4 个炸弹，910JQK 的顺子，对 4、对 QQ 与一张单牌 10，如果先套走了顺子或单张 10，也可以用红桃 6 配成 QQQ+44 的三带对跟套过牌，这样就很有希望成为上游了。

② 炸弹越大则威力越大，特别是在己方冲刺与阻击对方冲刺的关键时刻，越是大的炸弹效果就越明显。因此，很多高手在拿到一张红桃级牌时，都会优先考虑用它来组织同花顺甚至六张的炸弹，以利于在关键时刻发挥出更大的作用。

上图所示的牌例中，有一张红桃级牌 3，它既可以配成 4 个 2 或 4 个 10 的小炸弹，也可以用来与方片 2346 组成一个小同花顺，这样虽然有三个炸弹，还有一张大王，但是因为这副牌很难组成比较整的牌型，手数又比较多，只要没有机会连续套走几张小单张，则无论对手打顺子、对子、三带对或三连对等牌型，他都没有较大的牌型来上手，要想成为上游就比较困难。因此就不要急于把这张红桃级牌 3 先用上，要尽可能留着与五张 6 组成六张的炸弹，以防备对手可能用大炸弹进行冲刺。

③ 当对手不断打出你没有的或者是你劣势的牌型时，可以用炸弹来及时封杀，转打己方的强势牌型。

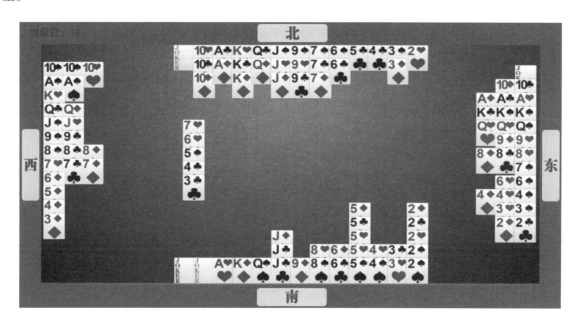

上图所示的牌局（级牌为 10），西家领出牌打顺子发动进攻，如果南家、北家不及时开炸或北家用顶天顺子进行阻挡，让西家再走一手 910JQK 的顺子，则其手中还有两个同花顺及对 A、对 77、对 88 与一张单牌 Q，这样其威胁就会很大，所以南家、北家要么就封到顶，要么就及早开炸，转打己方单牌的优势牌型。

④ 四大天王（王炸）是最大的炸弹，其威力无可比拟，但是王炸如果要作为炸弹只能使用一次，在自己手中的炸弹不是很多，级牌很少，或者对手在发现你有王炸而用级牌顶住时，就不如及早拆解使用。这样，四大天王就能发挥出相当于三至四个小炸弹的作用。因此，要慎组王炸，要根据牌局变化情况及己方手中的牌力情况来决定是不是要及早拆开使用。

上图这副牌例（级牌为3），看起来有王炸、一个红桃910JQK的同花顺和三张A，但是一张级牌3也没有，其它的牌都很散，如果组成45678的顺子，就剩下2、5、8、10和K的五张单牌，因此，这副牌就要及早拆四大天王来主打单张。

⑤ 当一副牌炸弹比较多时，其它的牌就比较难组成比较整的牌型，手数也可能会比较多，如果这些不整的牌型牌点不大时，就不容易顺利去跟牌套牌。因此，如何正确处理好炸弹与全手牌手数的关系，要不要拆炸弹组成其它的整手牌型，以利于减少手数或多带出小牌张，就需要在组牌时认真思考与计算。

上图的牌例中（级牌为9），看起来有3个炸弹，但是其它的牌牌点都比较小，手数也比较多，因此，应优先考虑当对手打顺子时，可以拆JJJJ的炸弹，用8910JQ接一手，有可能会既阻挡住了对手的攻势，又可以获得一手领出牌权，就可以打333+55的三带对，然后用JJJ+66再套一手，这样，剩下来的牌就好打了。

⑥ 当手中的炸弹比较多时，往往对手的炸弹也会比较多，在牌局中，经常能见到一名牌手在有三个炸弹还有大王加持的强牌情形下，被对手打成下游。在各种掼蛋牌局中也经常会见到使用了两个同

花顺都被对手用更大的同花顺或用六张的炸弹封压住，连一手牌也出不去的情况。

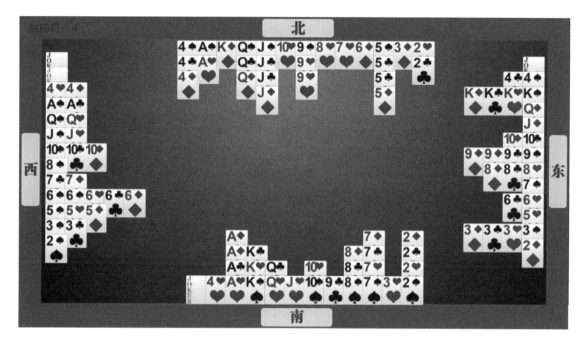

上图的牌局中，各家的炸弹都比较多，东家有三个炸弹（其中有一个方片 8910JQ 的同花顺），西家有两个炸弹（也可以组成黑桃 8910JQ 甚至 10JQKA 的同花顺），北家有两个炸弹，南家则有四个炸弹（有红桃 10JQKA 的同花顺）。

因此，当手中有三个炸弹的强牌时，决不能以为胜券已经在握了，一定要考虑到对手炸弹也可能很多的情况，要认真观察和分析其它各家的出牌情况，打好每一手牌，尤其要慎重用好手中的每一个炸弹，以争取获得更好的游次。

第九章　牌力要素与游次

第一节　牌力要素决定牌力的强弱

1. 全手牌是决定游次的主要资源

在打掼蛋时，每名牌手所抓到的 27 张牌，就是决定其在一副牌中的胜负与游次的主要资源。从概率论的角度来看，我们在掼蛋比赛中抓好牌与坏牌的"手气"会在一副牌或者一局牌中有差异，但是随着打牌副数越来越多，则这种好牌与坏牌的"手气"因素概率就会越来越趋于平均。

2. 牌力的四大要素决定牌力的强弱

抓到每副牌的牌力强弱，主要依据牌力的四大要素来评判，所以，在一副牌抓好以后，牌手们就应该先对全手牌的牌力要素情况进行分析，然后在多变的牌局中充分运用好己方某些牌力要素上的优势，充分发挥出良好的技战术水平，从而争取获得更多的主动权。

第二节　牌力的四大要素

1. 大王、小王与级牌的数量

在掼蛋比赛采用的两副标准扑克牌中，一共有两张大王、两张小王和六张级牌（两张红桃级牌一般都分别算作为一个炸弹），如果完全平均分配的话，比赛双方应该各有一张大王、一张小王和三张级牌。但是，在牌局中，这样的平均分布是很难出现的，因此，双方谁拥有的王牌和级牌数量比较多、特别是一方有两张大王时，就会形成单牌控或者对子控等相应的优势。

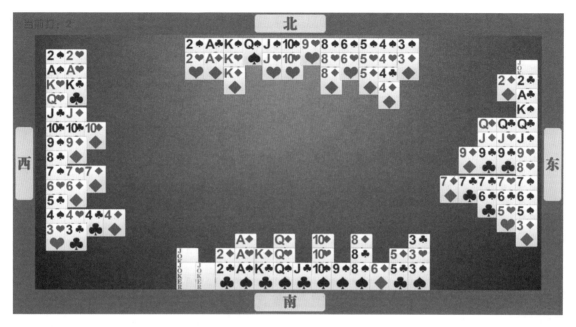

上图所示牌局中，南家看起来一个炸弹也没有，但是因为有两张大王、一张小王和一对级牌 2，又有三张 A，所以在实战中，在搭档的配合下是很有希望成为上游的。

2. 炸弹的数量与质量

有许多分析认为，在全副牌（即四家手中的所有牌张）中，一般平均有 8.5 个炸弹，也就是一副牌局中平均每人有 2.1 个炸弹（包括用红桃级牌配牌）。炸弹越大，威力越大，获得出牌权的机会也越多。

因此，在一手牌中，如果既有三个以上炸弹这样数量上的优势，又有质量上的优势（都是比较大牌点的炸弹甚至是同花顺），这副牌的优势就很明显。反之，如果只有一个炸弹甚至没有炸弹，这副牌的牌力相对来说就不算是很强了。

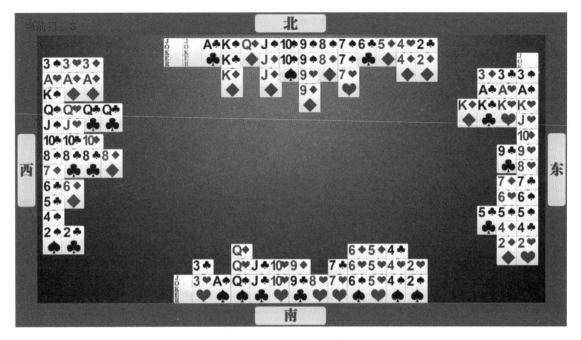

上图所示的牌局中，西家有三个炸弹，牌型比较整齐，手数也不算多。南家有一张大王和红桃45678的同花顺与四个Q（用红桃级牌3配组）两个比较大的炸弹，还可以组两个三连对。而东家与北家则只有一个炸弹。因此，南家与西家争得上游的可能性会比较大。

3. 手数的多少

在掼蛋比赛中，一副牌手数的多少也是决定胜负的一个重要因素。比赛时，如果排除一方选手完全单控时不断拆牌打单张的情况，则能获得上游的全手牌手数，一般应该尽量在8～11手之间，相对来说，手数组织得越少越好。有研究认为，手数如果只有七手或八手的牌，应该算作很强的牌力，手数是9～11手的牌，应该算作比较强的牌力，而手数在12手以上的，则较弱。

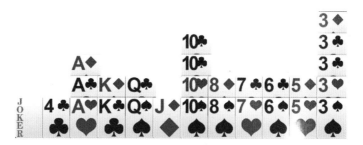

上图的牌例中，虽然只有两个炸弹，也没有大王，但是一共只有九手牌，牌型比较整齐，手数相对很少，还有三张 AAA 的优势牌张，三张单牌都比较大，很容易顺套过牌。这副牌虽然只能算比较强的牌力，但是在对方炸弹不是很多的情况下，就很有机会获得上游。

4. 牌型的优势

掼蛋竞赛规则规定，除了三种炸弹以外，还有七种牌型。在打牌时，牌型的优势作用也是很重要的。

例如，手中有好几手零散的牌，自己的一张大王打出去以后，单牌就不大好打了，而炸弹数量也是有限的，不大可能全部都是炸一手接着出一手，把零散的牌都顺利打出去。

因此，在比赛牌局中，如果你把手中的牌型组织得很合理，而且预留出多种变化的组合，当对手打顺子时，你会有 10JQKA 封住，当对手打三带对时，你会有三个 A 的三带对在等着，然后你再打出三连对或三不带等让对手不太舒服的牌型，就会形成很强的冲击，逼得对手不得不早用炸弹。而如果你把小牌都串联得很好，单张都是比较大的牌，虽然没有大王，但是都容易顺套走完，这样你在既无大王且炸弹也不多的情况下，仍有机会获得上游。反之，即使你有大王，还有二三个炸弹，但是其它牌型都没有优势，手数比较多而点数又比较小，每出一手牌都会遭到阻击，则根本无法打成上游。

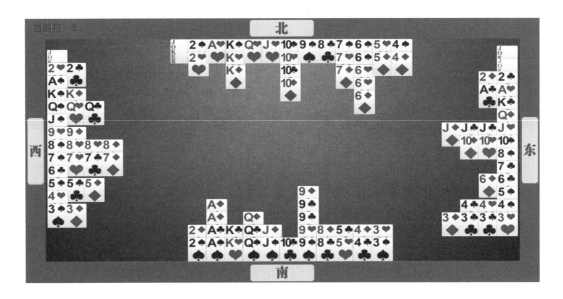

上图的牌局中，南家的这副牌，虽然没有大王、小王，但是如果按下图所示进行组牌可以有多种变化，可以把四张 A 拆分组成 10JQKA 的顺子和 AAA+88 的三带对，还有 334455 的三连对，都具

有牌型的优势，J 和 K 的单张也很容易顺套跟走，因此，在牌局中可以根据对方的出牌情况有效封堵住对方的牌路，甚至会多消耗对手两个炸弹。

这副牌，南家只要不轻易改变自己的牌型，耐心等待机会，就有希望与搭档联手夺得上游。

在实战中，我们也经常会见到一直坚持以打对子、打三不带等己方的优势牌型，从而冲乱对手的牌型、冲垮对手的防线并顺利夺得上游的情况。

上图的这副牌例虽然没有大王，但是有一对级牌 10 和一对 A 这样的大对子，就可以走主打对子的牌路，也可以根据牌局情况，打三带对。虽然不一定能成为上游，但是会给对手造成较大的威胁。

第三节　牌力要素与游次的关系

在掼蛋比赛时，如果排除参赛牌手的技术实力、战术配合与临场发挥情况等主观因素，单从牌力强弱的角度来评估，一副牌中，根据手中牌力四大要素是否占优的情况来看，对牌手在比赛中产生游次的作用将会带来以下几种影响。

1. 95% 成为上游的牌力要素条件

四项要素全占优者，其上游率应为 95% 左右（还需要搭档 5% 的配合作用）。

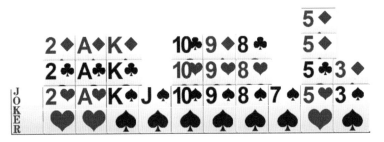

上图是一副四大要素相对全占优的牌例，打单张时有大王，打对子时有级牌对 2，打三带对时有三张 A，都是可以封顶控制的牌型，另外还有三个炸弹（包括一个黑桃 78910J 的同花顺），而且只有七手牌。

如果有机会拿到这种求之不得的好牌，那就必须要以抢当上游作为牌局目标。根据掼蛋比赛的规律，当你有一副好牌时，往往别人的牌力也不会太差。因此，你一方面要考虑留给搭档借风出牌的机会，另一方面也不能久拖不走，因为这个同花顺相对来说不是最大的同花顺，在残局的最后时刻反而可能会被对手用更大的同花顺或者用六张的炸弹成功冲刺而丢掉了上游。

2. 88% 成为上游的牌力要素条件

有三大要素（要素二为必选项）比较占优者，其上游率应为 88% 左右（还需要搭档有 12% 的配合作用）。

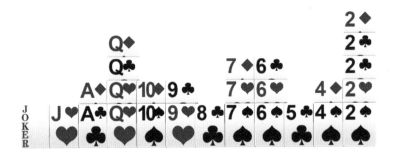

上图是一副有三大要素相对占优的牌例，有 22222、QQQQ 和梅花 56789（用红桃级牌 J 配牌）同花顺这三个比较大的炸弹，打单张时有大王，手数只有 10 手，但是没有相应的牌型优势，对手打顺子、三带对或者三连对等牌型时都无法阻挡，打对子时一对 A 也不一定算大。

在比赛时能拿到这样的一副牌也算很难得了，这时就要力求稳中求胜，争取多顺牌、多套牌，要与搭档密切配合，不要急于开炸，也不要早早就被对手发现你的真实意图。还要注意的是，在冲刺时谨防被对手用一手大炸弹把你封住而当不成上游，一定要在前面把小牌型尽量走完，从而争取把上游稳稳地收入囊中。

3. 60% 成为上游的牌力要素条件

有两大要素（要素二为必选项）比较占优者，其上游率应为 60% 左右（搭档的牌力与配合至少要占 40% 左右的作用）。这样的牌力一般来说属于中等略偏上的牌力，如要争取上游就要看你能否顺利多出、多套几手牌，包括与搭档的配合传牌，当然还要看对手的"脸色"。如果牌局中主流的牌型与你不对路，你就要适当考虑是要变换牌型去适应，还是要适时开炸来转换牌路。

上图的牌例，有两大要素是相对占优的，有 33333 和 KKKK 的两个比较大的炸弹优势，还有三个三带对的相对牌型优势，只要有牌手先发三带对，或者在己方单张都顺套完了以后，就可以用炸弹开路来先打出 222+55 的三带对，这样就很有机会来争当上游。当然，这副牌还可以组成 8910JQ 的顺子，

用来封堵对方打出的顺子牌路。这个顺子如果能够取得出牌权的话，也是要先打出 222+55 的三带对，这样就更有机会争当上游了。

　　拿到这种牌的牌手，一般应边看边打，在逐步摸清另外三家的实力与牌型情况后，就要尽快决定是自己打主攻争上游，还是要打助攻配合搭档去争上游。打这种牌的重点是不要轻易改变自己的牌型去乱打一气，不能把自己的牌打散了，一定要保留好能去争得上游的牌型。

4. 33% 成为上游的牌力要素条件

　　有其它两大要素占优者，但是要素二不占优时，其上游的可能性只有 33% 左右。需要强调的是，在掼蛋比赛中，炸弹的作用与威力更大，不管你占有什么牌型的优势，用炸弹都可以去管住它。如果没有炸弹的优势，往往在最后时刻就没有主动出牌权，牌路也很容易被对手封死。

　　上图所示的也是一副有两大要素相对占优的牌例，其中有大王、小王和一对级牌 2 共四张，牌型上，有三张 AAA 的三带对和 991010JJ 的三连对优势，手数也不多，可以组成九手牌。这副牌可以说有 2.5 大要素是占优的。但是因为只有一个 4444 的小炸弹，如果对方把大王和 AAA 的三带对连续炸掉而不让有领出牌机会的话，就根本没有去争上游的机会了。拿到这种牌的牌手，其主要任务应该是协助搭档去争取上游或者取得好的游次。既要做好干"脏活、苦活、累活"的思想准备，主动先与对手拼消耗，及时去封堵对方的牌路，又要避免自己被打成下游。

5. 12% 成为上游的牌力要素条件

如果只有一大要素占优，其成为上游的可能只有 12% 左右；不管你这一大要素是不是炸弹占优，都要摆正自己在牌局中的定位。

上图所示的牌例，大王、小王与级牌 9 各有一张，还有对 A，在打单张和对子时有一些优势，但是其它三大要素都不占优。

这副牌有 KKKK、7777 和黑桃 45678 三个炸弹，这一大要素是有一定优势的，但是其它的三大要素都不占优。

一般来说，拿到类似上面只有一种牌力要素占优的牌时，包括上图有三个比较大的炸弹的牌，获得上游的希望并不是很大，那么就首先要定位打好助攻，要围绕着搭档的需要去打牌，要为他去争取上游或者好的游次打好配合、创造条件，要适时去封堵与破坏对手的牌路，如果能在关键时刻为搭档送去一手牌，让他接手或是顺过一手牌而完成冲刺，那就是非常好地完成了任务。

6. 不可能成为上游的牌力要素条件

如果四大要素都不占优，甚至连一个炸弹也没有，则其成为上游的概率几乎为零。我们在掼蛋比赛中偶尔也会拿到这种很差的牌，这时就要摆正心态，不要有任何非分之想，要尽可能去牺牲自己、配合搭档，既要去尽力阻击、破坏对手的牌路，又不能随意乱打，不要给搭档产生任何误判。

上图这个牌例中只有一张级牌5，一个炸弹也没有，四大要素都落在下风。

在比赛中拿到这种牌时，既要尽力去配合搭档打牌，也要争取不被打成下游。能把一手很差的牌打得很合理，能为搭档进行支持与贡献，也能反映出牌手的牌技与格局。

7. 无敌牌

在掼蛋比赛中，有可能会碰到能组成四个甚至五个炸弹的牌，这种牌一般来说就是无敌牌，上游应该非他莫属，当然，这样的概率并不是很高。

上图这个牌例中有四个炸弹，分别是3333、6666、QQQQ和梅花678910同花顺，但是这副牌共有五张单牌和一个JJJ的三带对，关键是要及早把这些单牌都打完才能成为上游。如果不能及时走完单牌，到了对手也进入残局阶段时，因为这个同花顺并不算很大，就很可能被对手用更大的同花顺来阻击或者使对手冲刺上游成功。

如果一手牌有五个炸弹，就具备了超强的牌力，是很难一遇的，只要稍微谨慎一点，少犯常识性错误，一般来说就可以稳获上游。

8. 牌力要素与游次关系表

四大牌力要素与上游率关系参照

四大占优情况	四大要素都占优	三大要素占优（含炸弹）	三大要素占优（不含炸弹）	二大要素占优（含炸弹）	二大要素占优（不含炸弹）	一大要素占优（炸弹三个以内）	一大要素都不占优
上游率	95%	88%	72%	58%	33%	8%～15%	≈0%

第四节 牌力强弱的动态变化

在掼蛋比赛时，双方牌力的强弱与牌力要素的影响都是相对的，这种强牌与弱牌的对比以及牌力要素的影响会随着比赛的进程而不断发生动态的变化。

许多掼蛋高手往往都很善于在比赛过程中，随时跟踪牌型的变化分析牌力，及时从中寻找由弱转强、克敌制胜的战机。

1. 牌力强弱是相对的

一方手中牌力的强与弱是在与对手的比较中得来的，因此也都是相对的。例如，对手有两张大王，这只能说明他打单牌时比较强，而你打对子时他就不一定强。如果对手的三带对牌型比较强，而你打顺子时他就不一定强。

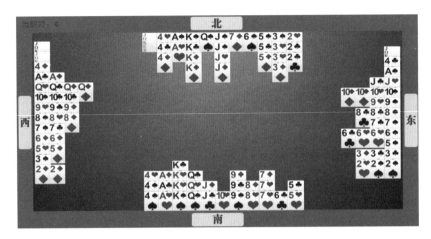

在上图的牌局中，东西家共有两张大王、一张小王和两张级牌4，他们具有打单牌的相对优势。南北家虽然只有一张小王，但是各有一对级牌4，南家还有三张A，他们就具有打对子和三带对的比较优势。另外，东西家还各有一个三同连张和三连对，这也是一种牌型的优势。可是，因为北家有四个炸弹（因为有一张红桃4，可以再配成一个炸弹）的加持，东西家的牌型优势在炸弹面前都将荡然无存，所以，西家的牌力相对来说是最强的。

2. 动态的牌局会改变固有的优势

掼蛋比赛的一个特点就是牌局中的变化非常多，即使是完全相同的牌，因为首出牌的不同就会引起牌局应对顺序的完全不同。双方牌手中原有的牌力与牌型的优势就会跟随着牌局的动态发展而不断发生变化。

在牌局刚开始时，有的牌型与牌力可能看起来会比较强，也有可能会感觉比较弱，但是在比赛打起来以后，随着牌局主流打法的出现，马上就会对各家牌手原有的牌型与牌力带来很大的影响，大家都会应牌而变，因势而变，有时甚至连炸弹也要拆了使用，刚开局时的牌型与牌力也就会随之发生很大的变化。

在上图的牌例中，共有七个对子和一个梅花 910JQK 同花顺的炸弹，如果是他先主打对子的话，很可能会因为大对子不多而不容易收回来，从而很难再有主动出牌权，但是在他的搭档主打对子或者是对手主打对子的情况下，他就可以很自然地顺套过几个小对子以及小三带对，这样牌局形势可能就会对他非常有利了。在牌局刚开始时，会感觉这手牌的牌力比较弱，但是打到最后，却有可能成为上游。

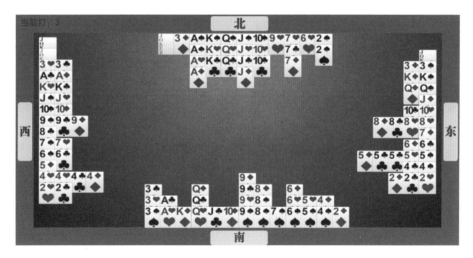

上图的牌局中，东西家有明显的单张和对子的优势，而南北两家中，南家有打顺子的优势，分别有 23456 和 10JQKA，还有黑桃 45678 的同花顺。北家先出牌可以打三不带或三带对，他的牌型是东西家所不好要的，如果东西家上了炸弹以后又可能会被南北家反炸，然后继续打整手牌型，这样东西家单牌和对子的优势就很难全部发挥出来。

第五节　一手强牌为什么会打不到上游

一副被认为牌力很强的牌，可是到后来却没有得到上游，一般来说会有以下四个方面的主要原因。

1. 山外青山楼外楼，对手牌力更雄厚

你有两个炸弹，对手有三个炸弹；你有三个炸弹，对手可能会有四个或者五个炸弹，就难以突破封堵，这时，就应该理顺情绪，重新定位。

2. 牌型不合没法要，上家控牌难顺套

在大多数牌局中，一手强牌要想打成上游都需要顺跟几手牌，甚至套过一手中牌或小牌才行，如果牌局中一直打你不好要的牌型，或者你的上家一直控制不让你顺利跟牌与套牌，则可能连冲刺的机会都没有。

3. 攻防配合不默契，搭档送牌不给力

即使你有很强的一副牌，例如虽然占有了牌力三大要素的优势，但是也要有搭档 12% 的助攻配合才能冲击上游，特别是经常需要他关键时刻的一两手传牌，否则就不容易当成上游。因此很多人说，打掼蛋与打桥牌相比，队友之间的配合更为重要。

4. 比赛当中沉住气，避免失误争胜机

如果在比赛中不够沉着冷静，打牌容易犯急，或者犯一些常识性的错误，那么即使有一手强牌，也有可能当不到上游。例如在对方发动进攻时，你因沉不住气而轻易改变牌型去跟牌或压牌阻击，那么你原有的优势牌型或整手牌型就会被完全打乱，甚至会因为多出一两手小牌而陷入被动的局面，从而也就失去了争当上游的机会。

第十章　掼蛋的基本战略

第一节　牌局定位战略

1. 每副牌局的战略定位

在掼蛋比赛中，如果能够依据自己的牌力情况，在每副牌局中都作出清晰的战略定位，对于打好整个牌局有很重要的指导与引领作用。有很多研究掼蛋技战术的文章中都提到，在参加比赛时应该对每一副牌都要先进行牌力分析与战略定位，根据自己及己方搭档手中牌力的强弱情况，先对己方在一副牌中的具体游次有个基本的目标定位，如是不是能够争到上游，是不是能够把对手打成双下，或者是不是要竭力避免被对手打成双下等。

2. 牌局定位与战术配合的关系

在比赛时，牌局的战略定位与战术配合二者之间是全局与局部的关系，战略定位是导向性、指导性的，战术配合应该是服从性与服务性的，战术是为实现战略目的而具体采用的方法与手段。但是，在掼蛋比赛中，战术配合有时也会对战略定位带来比较大的影响，甚至会改变原有的牌局战略定位。

第二节　最后一副牌的定位战略

1. 打好最后一副牌的重要性

在掼蛋比赛的一些轮次中，往往会出现双方争夺非常激烈、升级数交替领先，直至最后一副牌时仍然难分胜负的局面。这时，能不能打好最后一副牌就可能决定这一局（轮）比赛的胜负。

2. 领先 2 ～ 3 级时的定位战略

在比赛中，经常会见到在打最后一副牌时，仍然处于领先 2 ～ 3 级的一方，却在这副牌中被对手打成双下，反而被对手反超获胜或是追成平局，这样到手的 2 分就变成了 0 分或者是 1 分，这对一次参赛的成绩与名次都会带来很大的影响，所以最后一副牌的定位战略应引起足够的重视。

当己方本局牌领先 2 ～ 3 级时，就要采用稳健型战略，要尽可能保住整副牌局的胜利，所以，战略定位应为不要被对手打成双下，要采用二打一的战术，争取把对手中一人打成下游，而不是非要硬去争当上游。

3. 落后 1 ～ 2 级时的定位战略

当己方落后时，最后一副牌就要争取尽可能好的结果，特别是当落后 1 ～ 2 级时，就要定位于一名牌手先要力争上游，然后另一名牌手再去尽可能争取更好的游次，从而实现追平甚至反超获胜的目标。

第十一章　掼蛋的基本战术

第一节　运用掼蛋战术的保障条件

1. 掼蛋战术

在掼蛋比赛中，掼蛋战术是指在打牌过程中使用的方法，也是打牌中进行配合的指导方法。比赛双方预定的战略目标都要通过使用各种具体的战术方式来实现。

2. 掼蛋战术需要的保障条件

在运用各种掼蛋战术时，必须要有相应的保障条件。

（1）技术保障

运用战术需要牌手采取合理的技术作保障，具备良好的掼蛋技术是运用掼蛋战术的首要保障条件。

（2）密切配合保障

运用战术需要以两位搭档之间的密切配合作为保障，掼蛋比赛是一项高度依赖同队两名牌手配合的比赛项目，甚至可以说是"无配合不掼蛋"。

（3）牌力保障

运用战术需要有相应的牌力作保障，在比赛中，如果没有相应的牌力，战术也是无法运用的。例如，你没有顺子的牌型，也没有炸弹，就无法阻挡对手打顺子发动的进攻。

第二节　掼蛋战术的分类

掼蛋战术从不同角度划分，可以有不同的分类方法。

1. 按比赛基本类型分

（1）进攻战术

在掼蛋比赛中，进攻与防御是达成比赛目的的基本手段。进攻战术具有主动性，是取胜的主要手段。

在己方发起进攻时，既要战术目标一致，充分发挥己方牌力或不同牌型的优势，又要找出对手的薄弱环节，集中优势牌力和炸弹，轮流对对手的阻击与破坏牌型进行压制，力求迅速取得突破，争取不断扩大战果，形成相对优势并达成胜利。

（2）防守战术

掼蛋时的防守战术具有被动性，但是它是保住阵地和辅助进攻的重要方法。

当对手发动进攻时，采用防守战术的己方选手应该快速分析判断对手的牌力分布、主攻人员、主攻牌型与对手的性格特点，灵活运用各种战术配合，变换组成不同的牌型，坚决、积极地阻断或控制住对手的主要威胁人员；同时，要适时发起反攻，力求重新掌握比赛的主动权。

2. 按一副牌的比赛目标分

（1）力争上游战术

争取上游是打掼蛋时的首要目标，平时我们打掼蛋时，就是要比谁能争得上游，只有获得上游的一方才能获得升级，同时争得上游也会获得更多的快乐感。在参加掼蛋比赛时，每副牌都要力争上游，争得上游就意味着赢牌，在比赛中，获得上游次数更多的一方，牌局获胜的概率必然就更大。所以，一对牌手在打牌时，首先就要围绕力争上游这个目标来配合作战，力争取得好成绩。

掼蛋比赛非常考验搭档间配合的默契程度，所以己方两位牌手在每一副牌局中都要做到认识一致、目标一致、步调一致，有攻有防，甚至其中一人为了搭档争得上游而必须作出牺牲，才能打出良好的战术配合。如果搭档能够当成上游，不管你是二游、三游甚至下游，则都可以说是团队的胜利，是战术的成功。

（2）打双下战术

在掼蛋比赛中，如果把对手打成双下，就可以连升三级，拿到最大的小分，而如果连续几副牌把对手打成双下，就离这轮比赛的胜利不远了。

当一方的两名牌手都能抓到牌力和牌型相对较强的牌，如在对手双贡时，己方就明显具有控制打单张或对子的优势，如果这时再能有三个以上的炸弹，则相对来说就具备了打对手双下的基本条件。又例如，当牌局开打后，对手对己方的进攻根本无法抵挡，并且迟迟不开炸，也可以基本判定他们的牌力不是很强，炸弹不是很多，这时就要尽可能去争取把对手打成双下。

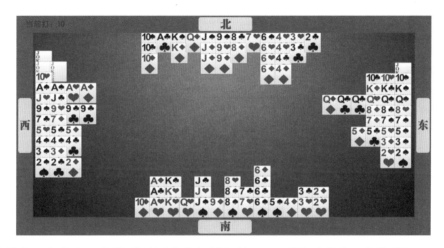

上图的牌局中，东家有三个炸弹（因为有红桃级牌10，可以再配成一个炸弹），一张大王，还有一对级牌10，西家也有三个炸弹，还有一张大王和两张小王，而且这两家的牌型都比较整齐，手数也比较少。南家只有一个小炸弹，牌力最弱，而北家虽然有三个炸弹，但是只有方片910JQK的同花顺比较大，其他的炸弹与牌型都不占优，手数也比较多。这个牌局东西方应该要密切配合把南北方打成双下。

打成双下战术，第一要两名搭档认识一致、步调一致，坚持主打己方的优势牌型，牢牢掌握比赛的主动权；第二是当己方一名牌手牌力超强时，要适当注意多消耗对手的牌力，并为搭档获得二游多创造条件；第三是在己方两名牌手炸弹不是很多的情况下，一定要注意避实就虚，量力而行，要把炸弹用在阻止对手进攻或反攻的关键时刻，然后再继续主打己方的优势牌型；第四是当己方拥有单张的绝对控牌权时，不到最后临近冲刺，一定不要轻易打出小单牌而让对手套小牌。

（3）打一放一战术

当己方两名牌手的牌力都比较弱时，就要尽力争取不要被打成双下。这时就要采用打一放一的战术。

一次掼蛋比赛往往是由多局牌组成的，而每一局的胜负则是由多副牌的累计升级数来区分的，根据这种情况，我们在一副牌搭档间的牌力都比较弱、几乎没有打成上游的可能时，则应有所隐忍，不能去硬拼蛮干，要把不被打成双下、下副牌避免双贡当成努力目标，以小输当赢，争取下面有转机时再抓住机会。

打一放一战术首先要求己方两名牌手认识一致、行动一致，不要早早去与对手硬拼蛮干，更不要轻易消耗己方为数不多的炸弹。其次是要选准对手的某一名牌力稍弱的牌手，集中火力对其进行打击，同时要果断放掉另一名牌手，他越早成为上游就越对己方有利。最后是在打一家时，一定要尽可能打自己比较有优势的牌型，而不能轻易打对手想要的牌型。

上图的牌局，四家的牌看起来都比较强，但是最强的还是北家，因为他有两张红桃级牌8，可以组成两个同花顺和4444三个炸弹，以及12345、678910两个顺子和三张单牌（如果强行组三个同花顺，就要余下八张单牌），手数只有八手，还有领出牌权，第二个顺子还可以被南家搭档传23456的小顺子套过。因此，东西方牌手如果选择与北家硬拼的话，就很可能会被打成双下。如果他们放过北家而集中火力对付南家，则有可能把南家打成下游。

3. 按比赛形式分

（1）首领出牌战术

首领出牌在比赛中非常重要，首领出牌的牌型往往就表明了你的战术意图。而在掼蛋比赛中，每次的领出牌权都是要通过消耗一手大牌或者是炸弹来获得的，有时甚至连上两个炸弹对手也不让你有领出牌权，所以，要慎重用好首领出牌权，要把自己的战术意图通过首领出牌清楚地表达给搭档。

首领出牌战术一般有以下5种。

① 出有打有收的牌型。即打出的这手牌型在没有遇到对手强力封阻时可以有更大的牌型收回来。例如，打单张时，手中有大王或者用当下最大的单张牌收回；打对子时，至少有一对A最好是一对级牌来收回；打小顺子时，会有10JQKA的牌型来收回等。

上图的牌例中，应先首出单张4，有可能会套过J，最后可以用大王收回，然后打101010+33的三带对，而不要先打34567的小顺子。

② 出自己准备发动进攻的主打牌型。如果牌力比较强，牌型相对比较整齐，就可以打出主打的牌

型或者手数比较多的牌型，从而让搭档及时了解你的意图而主动来配合你。

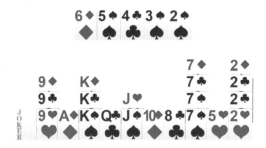

上图的牌例中，应该首出23456的小顺子，然后可以用8910JQ或10JQKA收回，即使被对方阻击了，搭档也可能会送小顺子过来。

③ 出对方不要的牌型。例如对方打顺子，你可以打三带对；对方打对子，你可以考虑是否打单张，或者你的搭档打过的而对方不好跟的牌型等。

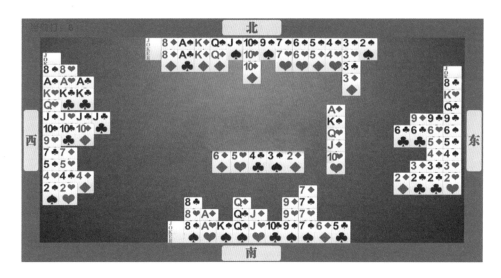

上图的牌例中，南北家都是要打顺子的牌型，而东家用 10JQKA 封住后，就要打三带对或高单牌。

④ 出搭档需要的牌型。例如搭档主打对子被对手用最大的对子封住，你就可以及时送一手小一点的对子过去，让搭档接手等。

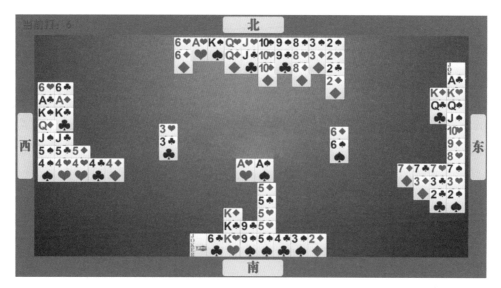

上图的牌例中，西家打出对 3，南家直接上对 A，这时东家要用级牌对 6 压住，再打出对 2 送给西家。

⑤ 出破坏的牌型。当你的牌力不足以争当上游，也无法为搭档送牌或传牌时，就可以出破坏性的牌型来打乱对手的原有牌型，甚至逼出对手的炸弹，从而达到消耗对手牌力的作用。而在残局阶段，就要根据对手 10 张报牌后手中的牌张数，打出对手会比较别扭的牌型。例如，对手剩 5 张时，你就打对子或三不带；对手剩 7 张或 8 张时，你就打 5 张的牌型等。

（2）跟牌战术

跟牌是指当对手或搭档领出牌时，自己可以选择跟着出牌压牌或者顺套过牌。需要指出，跟牌也是有战术的，往往在你跟了一手或几手牌后，搭档或者对手就能够了解你的牌型与战术意图。跟牌战术一般有以下几种。

① 跟对手打出的牌。如果对手领出的牌型，自己手中正好有这种牌型甚至正好是自己的优势牌型，就可以跟套顺过几手牌，然后不露声色地达到临近冲刺的局面。

② 用大牌压对手打出的牌。当对手领出的这种牌型是自己的弱牌型，而且搭档也不好要时，就要早出大牌压牌甚至用炸弹进行封堵，在取得领出牌权后，要立即改出自己的优势牌型或者送出搭档需要的牌型。

③ 让搭档的牌。按照通常的战术配合原则，你搭档领出的牌型，一般都是其优势牌型，或者是急于要打出去的牌型，因此你要对搭档的战术意图心领神会，不能轻易跟牌抬高牌点，造成搭档下面不好继续跟套小牌。当然，在你急于要套这一手牌而取得下面牌局的主动权甚至能争当上游时，就一定要套一手。

4. 按比赛进程分

（1）开局战术

良好的开局是成功的一半。在比赛开局时，我们首先应排除各种干扰，集中精力，以良好的竞技状态投入掼蛋比赛中去，有助于我们打好开局，争得主动。开局时，要分析双方牌力强弱的基础上采取各种相应的战术。

① 根据牌力强弱制定战术。开局时要边抓牌边理牌，抓好 27 张牌后就要迅速理好牌型，弄清楚这手牌可以有哪些牌型变化、有几个炸弹、同花顺最大可能到多大，从而判明牌力的强弱情况，再根据牌力定位制定相应的战术布置。例如，如果有成为上游的可能，就要准备主动进攻的牌型或是顺势进攻的变化牌型。如果牌力中等，在这副牌中就要准备作为助攻打好配合，特别要注重留好防守的牌型；如果牌力很弱，就要考虑争取不被打成下游等。

② 定位当上游牌力的分析。通过对掼蛋比赛的大数据分析，如果要定位为争取上游，一般来说，应该要具备以下基本牌力：有两个以上炸弹、有四张左右的王和级牌、有两张或三张 A 等。

根据许多掼蛋研究者的看法，组成各种牌型后形成手数的多少，在掼蛋实战时也非常重要，组成各种牌型后的手数越少越好，也就是常说的整手牌。除非是绝对的单控牌型，可以不断拆单打单，否则就必须要打整手的牌型。一般来看，在获得上游时，组成各种牌型的手数一般都在 8 ～ 11 手范围内。

上图的牌例中，有 44444 和梅花 78910J 的同花顺两个比较大的炸弹，单牌有大王等三张，有 AAA 和 666 两个三同张，有对 J、对 Q 和级牌对 5 三个大对子，一共只有九手牌，是比较典型的强牌，成为上游的可能性非常大。

③ 出先手牌型的战术。先手牌型主要是指主动打出来的主打牌型，包括但不一定是指第一手牌型。出先手牌型的战术主要有如下几种。

一是要出自己能收回来的牌型，就是我们常说的"有打有收"，而不能只打不收。

二是要先打自己或己方比较强的牌型，在队友之间传递出明确的战术信号，从而加强进攻时的相互配合。

三是如果己方为双下贡牌，第一手牌尽可能不打单张，以免刚出一手牌就轻易把领出牌权送给对手。

四是在牌力很强时，应先处理掉不容易跟牌套过的小牌，以便最后冲刺时不让这种小牌拖后腿。

五是己方牌力不强时，要多为搭档送去他的主打牌型，这时他就会明白你的牌力不是很强，而是要以他来作为主要进攻者。

六是巧用逆向思维领出先手牌型。有时候明明单张牌不多，是以其他的牌型为主，却先打出小单张，又不一定能收回来，反而会让对手误以为你需要过单张牌，就会转而打其它的牌型来控制你的单张，

这就有可能让你逮个正着，可以借势顺套你需要的牌型，从而达到瞒天过海之目的。

④弱牌不要急于出牌。如果手中的牌力明显偏弱，炸弹与大牌都很少，小牌比较多，手数也比较多，明显是不能争到上游的，就不要急于去抢领出牌权，而是要密切观察和了解搭档手中的牌型，做好传牌助攻，还要根据对手主打的牌型，尽可能多保留几种牌型的组合变化，用来阻击对手发起的攻势，以利于让搭档能够保留好自己的优势牌型，保持主动突击的实力，从而去争取战局的胜利。

有时牌力比较弱，但是恰好能够组成一手10JQKA的同花顺甚至是六张的大炸弹，就一定要尽可能保留这个组牌选项，不要轻易破坏这个牌型，既要留作为对对手进行"战略威慑"与"战略打击"的手段，又要在搭档进行冲刺遇阻时，用这个大炸弹取得领出牌权，然后再传牌给搭档，为他争上游创造条件。

上图的牌例中，一张大小王和级牌4都没有，其它的牌型也不算很强，开局时就不能抢出牌，而是要边看搭档的牌边打，尽可能保留牌型的变化，为搭档传牌助攻，而在对手采用大炸弹（例如用大同花顺）进行最后冲刺时，就可以用六个Q的炸弹来封住他，让他冲刺的希望落空。

（2）中局战术

在掼蛋比赛中，打好中局阶段对于决定比赛最终的胜负非常重要，得中局者得天下，这个说法有一定的道理。

一般来说，在每副牌的牌局中，出了3圈牌左右，就进入了比赛的中局阶段。

中局阶段比赛打牌的回合相对较多，各种牌型展现得也比较丰富。此时，双方牌手在开局阶段的相互试探之后，就进入了真刀真枪的激烈比拼中。中局阶段是各方牌手充分发挥自己的技战术能力与考验搭档之间配合默契程度的重要时段。中局阶段双方攻防的战况将对残局阶段的最终胜负起到很关键的影响。

① 坚决进攻与重点防守。比赛到了中局阶段，各家牌手牌力强弱与主打牌型已经基本清晰，那些高手们对于大王和小王在哪家手中，甚至各家可能有几个什么样的炸弹都能作出基本分析，这时就要求牌手既要及时审时度势，弄清牌局的发展趋势，又要合理运用逻辑推理能力，对是否可能争取到好的游次等比赛结果作出适当的判断，如果能够充分利用己方的优势牌型坚决发起进攻，就会掌握牌局中的主动权。同时，防守战术的针对性要强，特别是对对手主打进攻的牌手一定要进行重点防守、及时阻击。

② 主攻与助攻的角色转换。中局阶段对于己方牌手的战术配合与默契度要求更高，搭档的两名牌手对于谁来当主攻、谁来当助攻一定要尽快达成一致，力争实现这副牌局的战略与战术目标。有时也要根据牌局的变化情况，及时进行主攻与助攻的角色转换，一般来说，在开局时的主攻者往往会被对手严防死守，甚至也会被对手二打一，这样就可能会使这三家的牌力消耗都很大，而这时，原来作为助攻者的牌手就应该乘虚而入，及时打出自己的优势牌型发动进攻，既有可能一蹴而就，也有可能会吸引对手的火力再来对准你，这样就可以让搭档有机会再次冲刺，并获得牌局的胜利。

③ 坚持主打优势牌型。在中局阶段，比赛双方就是要各打各的优势牌型，充分发挥各自的优势牌型作用，来争夺比赛的主动权。特别是在手中炸弹不多的情况下，就更要坚持打好自己的优势牌型，力争得到好的游次。

当己方两牌手的单张牌都比较强，大王、小王基本在己方，这时两名牌手应尽可能控制打单张，有时甚至要拆开手中的整牌，也要坚持打单张，逼使对手要先动炸弹。

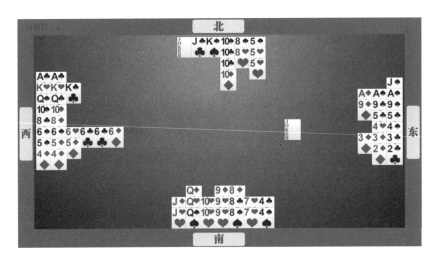

这个牌例中，东家上了这张大王后，就会连续打三带对发起进攻，而西家也正好接过来打对子的优势牌型。南家的牌力明显不具备当上游的条件，又没有大的三带对或大对子封堵对方的牌路，这时就要用红桃 J 与 888 配成炸弹及早开炸，然后拆开整手牌送单张给搭档，让他顺利接手，为搭档成为上游作出贡献。

④ 一动一不动，一主一跟从。在中局阶段，仅凭一个人的单打独斗基本上是不行的，搭档之间的默契配合就显得非常重要，高水平的牌手在攻防两端的战术配合会高度默契，攻要一起攻，两名牌手主打出的牌型要尽可能一致；防要有主次，可能需要有一名牌手相应作出牌型上的牺牲来主打防守牌；而当一名牌手主动发起进攻时，另一名牌手就要当好助攻，要紧跟着主攻者的牌路与牌局的需要来打牌。

⑤ 两人都不冲，上游要落空。在中局阶段，如果同队两名牌手都不能及时出手封堵对手的牌路，或者谁也不先发动进攻，而是一味退让等机会，就说明两名牌手在判断与配合上出了问题，则上游注定与他们无缘了。在比赛中甚至发生过一方的两名牌手，一个手中有一个六张的炸弹还有一个大同花顺，另一个手中也有一个六张的炸弹，在这三个大炸弹都没有使用的情况下，竟然被对手抢到了上

游！因此，中局阶段对于局势的判断、对于同伴之间的配合、对于攻防的转换都要及时把握好，该出手时一定要果断出手，该开炸时一定要及时开炸，否则就会贻误战机，导致牌局失利。

（3）残局战术

残局阶段是掼蛋比赛最关键的阶段，将会直接决定比赛的胜负以及游次的排序。能不能打好残局阶段的牌，可检验牌手们的技战术能力与战术配合水平。

① 处理好最后的出牌顺序。如果有基本具备冲刺的牌力，就要注意适当隐藏自己的战术企图，不要引起对手警觉，争取跟好关键的一两手牌，然后在有机会时去进行最后冲刺并夺取上游。当然，残局的最后阶段，特别是己方一名牌手要准备冲刺时，他的搭档也要打好配合与助攻，为同伴获得上游送好牌、打好阻击。

残局时，特别需要注意处理好打牌的顺序，当你在准备冲刺时，对手也有可能在准备冲刺了。如果在发起冲刺时疏于防范，出牌的顺序不对，则很可能会被对手顺套一手后以大炸弹冲刺，捷足先登。

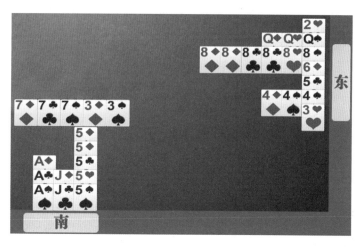

这个牌例中，南家在最后冲刺时出牌的顺序不对，他应该先打出 AAA 的大三带对不让对手有套牌的机会，如果先打出 777 的三带对，就会让东家套过 QQQ+44 后，被他用六张 8 的炸弹冲刺当了

上游。

②强牌要消耗对手炸弹。当自己手中剩下的牌力较强，并且有把握去获得上游的时候，要尽量将手中的大牌先发出来进行"诱炸"，多消耗掉对手的一两个炸弹，从而为自己的搭档减轻负担，为他在下面的牌局中争取好一点的游次创造有利条件。

③先逼对方动炸。在残局阶段，很重要的就是看谁先把对方的炸弹逼出来，从而消耗对方的有生力量，减轻对己方的威胁。在残局双方牌力比较势均力敌时，往往是谁先出了炸弹，谁就会成为被动的一方，甚至会形成另一方对残局的管控权与主动权。

④"强冲刺"与"巧冲刺"。"强冲刺"战术是指用大炸弹强行闯关冲刺，或者在最后阶段大家都已经没有炸弹时，你先出一个比较大的牌型，别人都拦不住，你再把一手小牌出完。"巧冲刺"战术一般是指在没有炸弹的情况下，运用出牌谋略与心理战术，巧取上游。

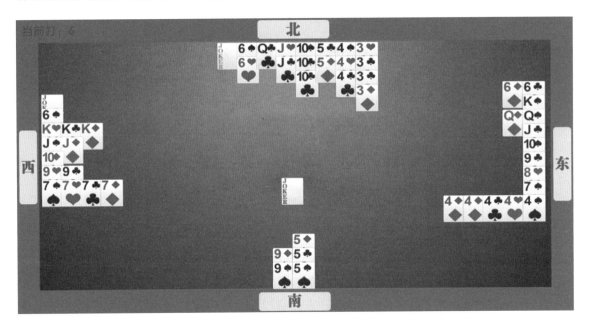

这是一个"巧冲刺"的牌例，先主动把一张大王打出去，对方往往误认为你还有一个比较大的炸弹而不来炸这个大王，就会让你轻松出完小三带对而获得上游。

⑤ 严控对手冲刺。在残局阶段，如果具备相当的牌力，就要在对手准备冲刺前打好防守牌，坚决阻击不让对手成功冲刺。

a. 首先要提前做好分析预判，发现对手的冲刺企图，提前进行阻击，不让对手轻易过冲刺前的一两手牌。

b. 封牌的点位与炸点的选择要精准。残局阶段对于对手打出的每一手牌型都要严加防范，可以封到顶的一定要尽可能一封到顶，不让他再顺套过牌。如果对他的牌型没有更大的牌型封堵，就要提早开炸，特别是当对手在分别剩余五张、六张、七张牌时，要判断准他手中的牌型情况，是 4+1、5+1还是 5+2。在对他刚出的这手牌如果没有封住时，则该炸一定要炸，不能让他很舒服地冲刺成功。

c. 如果有领出牌权时，坚决不出可能让对手顺套的牌型。

d. 尽可能组成一个更大的炸弹，越大越好，当对手最后在用大的炸弹发起冲刺时，就可以用你这个更大的炸弹来堵路与关门。

第十二章　掼蛋的基本技术

为了建立和规范掼蛋技术的体系，这里将掼蛋各项技术归纳为组牌类技术、贡牌与还牌类技术、出牌类技术、用炸类技术与记牌类技术五个种类。

1. 组牌类技术

（1）开局组牌

将 27 张牌初步组合成相对理想的牌型。

（2）变化牌型

开局后根据牌局需要进行牌型变化组合，达到阻击对手或传牌给搭档的目的。

（3）拆牌组牌

根据牌局形势需要，可以把级牌炸弹或 A、K 等炸弹重新拆分组成各种优化牌型。

（4）红桃级牌（配牌）的组牌

根据手中牌张情况与牌型的需要，可以分别配牌组成炸弹、同花顺，或配成整手牌型，如各种顺子、三连对、三同连张、三带对、对子等。

（5）握牌的方式

握牌的方式也会对能否打好牌带来一定的影响，牌张特别是红桃级牌如何摆放是有技巧的，既要让牌张与牌型保持可变化性，又要让牌张容易抽取出来。如果一开始就把牌型摆放得很死、握牌握得很紧，则可能会对牌局需要应变组牌带来麻烦。

以下四种握牌姿势各有特点：上面的两种一看就是高手的握牌方法。左下方的握牌方法，明显有些紧张的感觉。而右下方的握牌方式，一开始就把红桃级牌 2 的位置固定了，有可能会影响打牌时的正确应对，如这个红桃 2 是可以组成梅花 10JQKA 的大同花顺的。

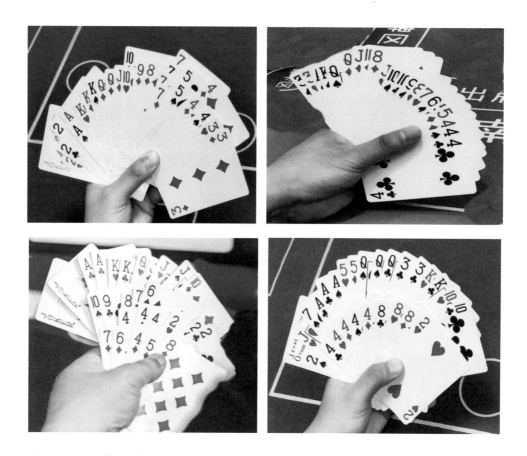

2. 贡牌与还牌类技术

（1）贡牌技术

贡牌给搭档与贡牌给对手时，应根据对己方有利于组同花顺、对对手无利于组同花顺的原则，根据自己手中牌的情况，有选择地进贡相应花色的级牌。如果是贡大王、小王则无需考虑。

（2）还牌技术

根据分别还给搭档或对手的不同情况，要根据有利、无利原则，依据自己手中各点数的牌张情况，分别还给搭档可能需要的牌张、让对手不会很舒服的牌张。

3. 出牌类技术

（1）首领出牌技术

分别根据单贡、双贡或自然首领出牌的不同情况，再结合自己与搭档可能的牌型情况，分别有如下几种。

① 示强首出法。首出牌就用比较优势或比较大的牌型主动发起进攻。

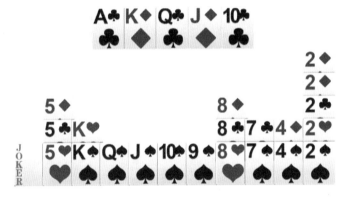

上图的牌例中，共有三个炸弹，其中有两个比较大的炸弹，牌型整齐，单牌好套过，打对子有一对级牌5，如对方打三带对，也可以先上888+44，然后用555+77收回。这副牌可以先打大顺子，有可能引诱对手先动炸弹来阻击，就达到了强牌消耗对手的效果。

② 示弱首出法。手中的牌有一定的实力，对一些难以顺套的小牌张或小牌型，可以首出牌先打出去，虽然有可能把下面的出牌权送给了别的牌手，但是其它的牌型就有机会顺套，这样就在下面的牌局中减少了负担。

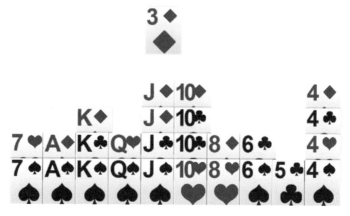

这副牌例是贡牌后的首领出牌，先打出一张小单牌 3，看起来是示弱牌，其实是示强牌，因为手中有四个炸弹，打出这个小单张后，如果形势不对，就立即开炸，然后再打对子或接着再把小单张 5 打出去。

③ 试探首出法。对牌局形势不大明确，可以先出一两手试探的牌，观察其它牌手的牌力与反应情况，通常会采用"情况不明，对子先行"来探路。

④ 破坏性首出法。自己的牌力不强，不能当上游，可以首出三不带、钢板、三连对等牌型，有可能会破坏对手的牌型，把局面搞混乱。

（2）领出牌技术

① 根据牌局形势与牌型、牌力情况，可分别采用打自己的优势牌型、送搭档需要的牌型、打对手不好要的牌型等。

② 牌局中后期、残局时，根据牌局形势，可采取出强势牌、送搭档冲刺牌、逼对手炸弹牌等。

（3）跟出牌技术

① 顺套。顺上家的牌（型），跟出自己需要打出的牌（型）。

② 阻牌。以顶、封、炸等方法，出封堵对手牌路的牌（型）。

③ 让牌。对一些牌（型）不套，也不出大牌顶，有时是为了让搭档多走一手牌，为搭档争得上游创造条件；有时是因为对手一名牌手太强，自己牌力不足，只能让其继续走牌，从而保存自己的牌力或保留各种牌型的变化，集中火力对付另一名对手。

4. 用炸类技术

（1）炸点的选择

① 用于防守。当对手出的牌型自己无法阻挡时，用炸弹阻止对手继续出牌。

② 用于继续进攻。当己方的牌路被封住时，用炸弹开路，继续走自己的牌型，或传搭档需要的牌型。

③ 不让对手形成冲刺。当对手即将形成冲刺前，要及时用炸弹封堵其牌路而不让其套牌，从而使其无法完成冲刺。

上图的牌局，西家送出一张单牌 7，东家只要过这张小王，就可以稳获上游。这时，南家就要果断开炸，然后送出 23456 的小顺子，搭档用 45678 接手，然后依次打出大王、AAA+22 和对 9，如果西家用五张 2 开炸，北家就用五张 10 追炸，最后还有 3333 的炸弹，这样，上游就非北家莫属了。

（2）用炸对象的选择

① 找准对手。根据牌局判断，对手谁是主攻、谁对己方威胁最大就炸谁、防谁。

② 炸掉拦路虎。当己方主打的牌型被对手用很大的牌封路时，一般情况下就要开炸扫清障碍，继续打这个牌型。

③ 垫炸搭档当上游。当自己已形成大炸冲刺，而判明下家已经是一手空炸并要顺炸成为上游时，就要把搭档的小炸弹再炸掉，然后成为上游，决不能使上游旁落。

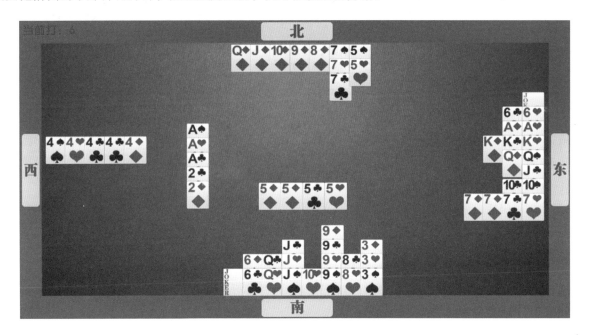

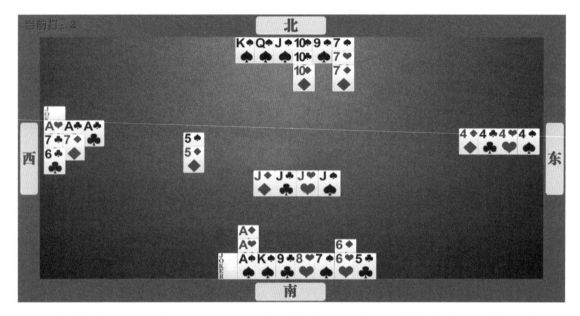

在上图所示的这两副牌局中，北家必须狠心把搭档（南家）的炸弹用大同花顺炸掉，然后打出三带对成为上游，否则上游就是对手的了。

（3）炸弹的使用方法

① 常规用法。小炸弹在前面早使用，中、大炸弹可以留在中局以后使用。

② 非常规用法。为了抢到领出牌权或震慑对手，可先用中、大炸弹，小炸弹留在最后一手使用。

③ 最大炸断后。尽可能保留一手最大的炸弹，在最后时刻用来压制住对手的冲刺。

5. 记牌类技术

选择一种适合自己的记牌方法，养成记牌习惯。普通牌手可采用选择性记牌法，高手记牌，越多越好。记牌技术可分为以下三种。

（1）基本技术

记住大王、小王与级牌，共 12 张。

（2）特殊技术

记住关键牌张，如红桃级牌、5 与 10 等关系组牌变化和有无同花顺的重点牌张，当然还要注意是不是存在天王炸等。

（3）实战技术

记住对手与搭档打出的主要牌型，关键时自己打出的牌型会不会被对手有更大的牌型来封住等。

第三部分

掼蛋精通篇

JOKER 3 JOKER

第十三章　掼蛋配合的技巧

第一节　掼蛋配合的重要性

1. 团队配合是先决条件

掼蛋是双人赛项目，仅靠一个人的单打独斗是不可能取得比赛胜利的。所以，打好掼蛋的先决条件就是要求两位搭档在比赛过程中必须团结一心，密切配合，相互鼓励。

2. 目标一致，力争上游

在每一副牌的胜负关系中，上游是起决定性作用的，拿到上游就意味着获胜，而二游、三游、下游则只能影响到升级的数量。因此，围绕以己方力争获得上游为主要目标，经常会需要一名搭档甘当助攻手、狙击手，勇于牺牲自己，保全搭档。

3. 合理的组对搭配

掼蛋组对配合应该尽量采用一主一从的搭配。一对优秀掼蛋牌手的组合中，两个人的牌技水平应该比较接近，并形成"一主一从、一带一跟、一攻一守"的搭配关系。这与现代空军飞行作战时的长机与僚机的搭配颇有相似之处。具体到每副牌中"谁攻谁守"则基于个人打牌风格、比赛时的牌型与牌力而定，还需要根据牌局形势而有所变化。

第二节　打好配合的技巧

1. 坚持牌型一致

当搭档打出自己的主打牌型时，作为队友就要尽可能跟他保持一致，组织好自己手中的牌型，力

争把这门牌型一打到底，而不要轻易去改变，尤其是自己在无把握做上游的情况下，一定要做好助攻，紧紧围绕搭档的主打牌型出牌。

主打一门牌型也会有一定的限度，在大多数情况下，每个人手上的杂顺和三带对都会在三手以内，对子一般会在 4～7 个左右，队友在为搭档送牌、传牌的时候，一定要注意计算搭档的出牌情况，特别是在快到残局时不能传错牌，否则很可能会给作为主攻的搭档添乱，甚至失去先手的机会。而在与搭档配合打同一门牌型时，如果你中途主动改变牌型了，要么是你已没有这门牌型，要么就表明你是要去争当上游。

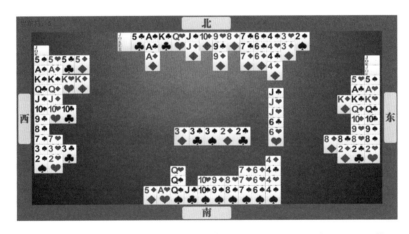

上图这个牌局，如果北家用 AAA+33 跟压，则西家应该用 555（级牌）+22 压住，再改变牌路打对 7，然后有对 10、对 JJ 和对 AA，东家也有对 10、对 Q 和对 A，在单张全控和西家有梅花 8910JQ（红桃级牌 5 代替梅花 J）的大同花顺镇守的情况下，只要东西家坚持牌型一致的打法，比赛结果就会对东西家非常有利。

2. 谁首发谁收回

一名牌手在开局阶段到中局阶段领出牌时，要么打出的牌应尽可能有大牌收回来，要么是为搭档送牌，而不能不负责任地打出随手牌，自己无法收回，搭档也不好要，这样会使搭档感到无所适从。

掼蛋的初级玩家经常会出现"只打不收"的现象，好不容易取得一次领出牌机会，只想着要把小牌打出去，却没有大牌能收回来，轻易就把出牌权让给对手了。当然，领出牌也有很多种变化与技巧，在自己有可能获得上游的情况下，就可以把一些不便于自己套牌的小牌先打出去，避免造成后续被动。

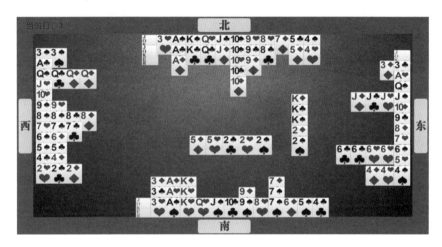

上图这个牌局，南家首发打出一手 222+55 的三带对，然后可以用 AAA+77 收回，接着应该打34567 的顺子，可以用 8910JQ 再来收回，手中的七张余牌，用红桃级牌 3 组成四张 K 的炸弹后，剩下 9、级牌 3 和小王的单张，都很容易顺套过牌，小王还可能获得出牌权，这样打牌就比较合理。

3. 不堵搭档牌路

有些掼蛋新手不管是搭档打出的牌还是对手打出的牌，总是会习惯性地随手跟牌。搭档主动领出的牌，并且有主攻意图时，如果自己牌力比较弱或牌力非常强，都不要随手跟这圈牌，要根据搭档的牌型和对手的动态而出牌。尤其是当对手阻断了搭档的牌路时，可以相机出手，争得领出牌权后，再给搭档传牌过去。例如，搭档打出 34567 的小顺子，而你的一手 56789 顺子就不要急着跟牌，在搭档这手牌被对手阻击后，你下面有机会拿到出牌权时，再把 56789 的小顺子打出去，如果你的搭档在套过这个顺子后就能形成冲刺，你的这手传牌作用就非常明显了。

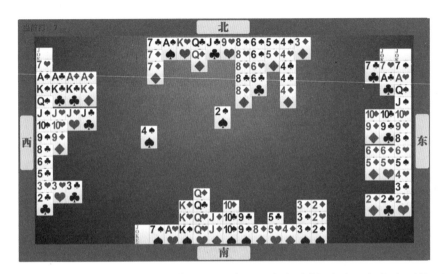

上图这个牌局，北家先打出一张 2，西家跟了一张 4，南家选择不要，东家也不能要，他们都是按照一动一不动的配合原则，不挡搭档的牌路。特别是东家有两张大王，就更不用着急顶牌。让自己的搭档西家多顺套一张 Q 后，西家的上游就谁也挡不住了。

在搭档已完成九张或十张报牌时，你一般不要先上炸弹，而是由他先发力，这也属于不堵搭档牌路的一种方法。在确定搭档无法（或无需）套牌或者对手有成为上游的可能时，就要及时接手压牌，传递出搭档需要的新牌型。在搭档出的牌型有利于自己去争得上游时，一定要及时跟牌、套牌，力争先做上游，切不可贻误战机，因为在比赛时，时常是机不可失。

4. 形成优势互补

为了充分发挥己方的牌力，有效抑制对手的进攻，己方牌手应该注意形成优势互补，也就是要把各自的牌力在优化组合的基础上形成不同的优势牌型，两名牌手的牌型应该各有侧重点，而不能完全相同。要形成火力交叉，避免出现盲区，做到"兵来将挡，水来土掩"，不管对手打出什么牌型，己方都能够有牌手采取相应的措施进行有效阻击，然后再打出己方的优势牌型，打乱对手的牌型，甚至打乱对手的战术企图。"优势互补"战术对牌手的战术素养要求比较高，特别是当对手连续进攻时，要善于观察场上局势，准确判断对手的主要攻击方向，还要了解清楚己方搭档手中的牌型情况，以便及时调整变换自己的牌型，尽可能去阻断或延缓对方的攻势。

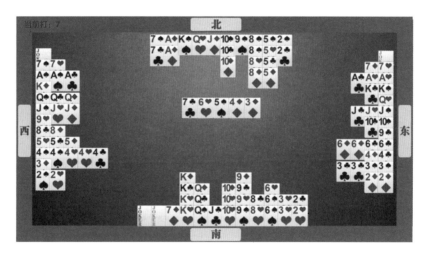

上图这个牌局，北家先打出一个小顺子，西家不好要，而东家就要用10JQKA一封到顶，然后改打对子。如果南家下面接手打666+22的三带对时，西家就要先上QQQ+22封住，然后打单张。东西家分别封住对手一家的牌路，就可以把牌局的主动权牢牢把控在己方手中。

5. 放一家、打一家

在一副牌中，当己方两名牌手都感觉自己的牌力明显偏弱，无法争到上游，特别是在双贡，对手主打"A"，或者在一局比赛的最后一副牌，己方已领先2～3级的情况下，两名牌手要统一认识、统一行动，尽快判明形势，选择放一家、打一家，做出最符合大局利益的战术选择。这里最重要的是要判明对手两名牌手谁强谁弱，采取"放强打弱"的策略。

"放"就要彻底放，"打"则要集中火力形成"二打一"，关键是要有足够理性的认识，一定要避免乱拼一气、乱打一气，把自己的火力消耗殆尽，要力争避免被打成双下，把己方的损失降到最低。另外，在自己的搭档已经获得上游，面临与对手"一打二"的情况时，如果自己的牌力不是很强，就应采用"打一放一"的战术，力争不当下游，从而多升一级，实现己方利益最优化。

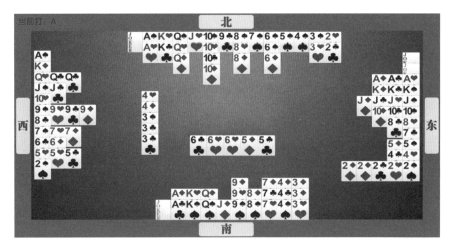

上图的牌局，是东西家打 A，从四家的牌力来看，东家最强，北家也很强，南家一个炸弹也没有，而西家有一个炸弹的同时还有领出牌权，再加上大概率可以借风出一手牌，正常情况下，东西家可能会以一游、三游过 A，从而取得牌局的胜利。因此，北家就不宜与东家硬拼，而是要集中火力将西家打成下游，如此一来这个牌局就无法结束，南北家就保留有继续比赛的机会。

6. 精准传牌与该接必接

相互传牌是打好配合非常重要的一项技巧，也是考验牌手能否读清牌局大势与实战能力的一个重要方面。如果能够持续精准传牌，就会给打好己方的优势牌型、掌控牌局主动权带来很大的帮助。

传牌要求有较高的技巧，如当助攻者送牌遇到对手强力阻击时，可以采用持续压牌传牌的方法，而有时可以先出较大点数的牌型来诱出下家的大牌，然后再传较小点数的牌型让搭档套小牌过手等。

关键时刻的传牌贵在精准，特别是要读清搭档需要什么牌型以及多大的点数有利于接过去，如他手中有九张牌，可能是四张（炸弹）＋五张牌，就要搞清楚他这五张是三带对还是顺子，然后再传牌。特别是在他还有八张牌时，很有可能是五张（同花顺）＋两张（对子）＋单张，就要读清他是对子较大容易套牌还是单张较大容易套牌。

关键时刻对于搭档的传牌该接必接，不能犹豫。在残局阶段，搭档如果明显属于传牌，在你接了之后就可能成为上游，或者他传出这手牌给你后可能只剩下一手烂牌时，你能接必须马上接，否则既可能失去重要战机，也可能造成搭档误解而转打其它牌型。

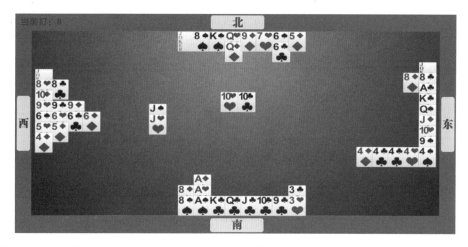

上图的牌局中，北家给南家送过来一个对子，如果南家认为还可以让北家再走一手，或者他想用级牌对 8 去压对手更大的对子，这一犹豫就可能失去了当上游的机会。因为他如果不上对 8，他的下家用级牌对 8 接手，然后打自己的单张和大顺子的优势牌型，南家就失去成为上游的机会了。

第三节　约定牌语暗号的技巧

在体育集体项目的比赛中，队友之间经常需要通过语言或手势的暗号来进行技战术方面的沟通和联络。在掼蛋比赛中，规则是不允许队友之间用语言或手势来进行联络沟通的。但是，因为掼蛋有四种花色和七种牌型，还有13张大小不同的牌，完全可以适当利用这些资源来设计搭档之间的牌语暗号，以进行规则允许范围内的信息传递，这样既可以加强搭档之间的沟通交流，也可以减少很多误判，有利于更好地进行战术配合。

在相对固定的搭档之间，可以事先约定各种不同的牌语暗号，甚至可以设计出多种不同的暗号系统。

1. 不同牌型的暗号

在一名牌手有首领出牌权时，他可以用分别打出单张、对子或其他牌型来告诉搭档他的牌力情况或者是他要主攻的牌型。例如，打单张或打顺子，可以用来表示他牌力比较强，要当主攻；打对子表示他牌力一般，只能边打边看。而当一名牌手是下游并贡出了大王，他首领出牌打单张，则可能表示他牌力较弱，要把出牌权交给搭档。当一名牌手首领出牌打三同张（三不带）和连续打三同张时，一般就表明他的牌力较弱，是来搅局的，但是他与搭档之间也可以反其道而行之，通过先打三同张来告诉搭档，他还有很大的三带对可以用来接手。而在临近残局阶段，他不断拆对子打单张，就是向搭档表明他已经要进行冲刺了。

2. 不同花色的暗号

首领出牌也可以用打不同的花色来告诉搭档他的牌力情况或者其他意图。例如，先打一张黑桃单牌或者是黑桃花色多的牌型，表示他牌力较强或者是有几个炸弹；先打一张方片单牌或者是方片花色多的牌型，表示他牌力不强或者炸弹很少；先打一张梅花单牌或者是梅花花色多的牌型，表示他准备打防守牌，可能还会有一个很大的炸弹等；而先打一张红桃单牌，可以用来表示他下面需要你打三带对传牌给他等。

3. 不同牌点的暗号

首领出牌打比较大的单张，可以用来告诉搭档他手中有大王；首领出牌打比较小的单张，可以用来告诉搭档他只是要甩掉这个负担；首领出牌打比较大的三带对，可以用来表示他下面还会有一大和一小两个三带对；首领出牌打比较大的三同张，可以用来表示他手中只是一把烂牌。

4. 出牌时间的暗号

比赛规则规定出牌时间（含过牌时间）为 20 秒，这个时间段完全可以通过适当的时间节奏来传递暗号，如可以通过对于特定的牌型第一时间进行压牌或过牌来表示自己的牌力情况或者是需要的牌型；而用适当延迟时间来进行压牌或过牌，也可以用来表示自己的牌力很强或者是很弱；特别是在残局时，完全可能用这些暗号来表示自己是不是已经进入最后冲刺状态，甚至手中牌已经是净火（全部是炸弹）了，这样就会让搭档很明了你的牌情，而不用去乱打一通。

第十四章　打好配角牌的技巧

1. 牌力比较弱时要定位当配角

在掼蛋比赛时，不可能每次都抓到一手好牌，也不可能一直当主角、打主攻、做上游。很多时候，手中的牌力会比较弱，不大可能去争上游，这样的牌在开局阶段就需要做出当好配角的战术选择。有时会在打到比赛的中局阶段以后，发现自己的牌力已不够打成上游，这时你就要及时转换定位当好配角，力争为搭档争冲上游当好助攻，打好配合。

2. 为搭档冲上游助攻

如果能够当好配角，助攻搭档成为上游，不管你是二游、三游甚至是下游，都可以说是赢得了团队的胜利，是战术配合的成功，胜利中同样有你一份功劳。

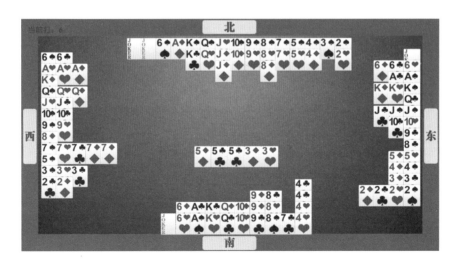

上图的牌局中，东家的牌力很强，西家的牌力较弱，西家明显不可能成为上游，所以就要主动当好配角，为东家争当上游打好防守和助攻。当南家打出的三带对东家不好要时，西家就要封住这种牌型，改打对子（可用级牌对6收回）或单张为东家传牌。

3. 了解搭档的意图与主打牌型

当你准备当配角时，先要按兵不动，注意保留好自己的牌型变化。当搭档主打对子时，你要保留小对子以便传给他，当他打三带对时，你要弄清楚他可能有几手三带对；搭档在冲刺前需要过什么样的牌型；你如果传牌给他应该传多大的牌点等。

4. 适当放下家出牌

有时下家用大牌压牌时，你不一定要急于开炸，可以先看他出的牌是否可以让你的搭档顺套过牌，这也同时增加了对你下家牌型的了解。所以掼蛋口诀说"炸上家放下家"，有些牌手不了解这个技巧，看到下家用大牌拿到出牌权后就忍不住要开炸，这在开局阶段和中局阶段都不是太合理的打法。当配角时，你的牌力本来就不强，不要轻易把有限的炸弹早早用掉。但是如果你的下家出牌多了，而搭档又无法套牌时，你就应该出手制止，改传搭档需要的牌型。

5. 围绕搭档的牌路打牌

当牌局开打后，配角要时时围绕搭档的牌路打牌，并要及时传递出自己的牌力情况与战略企图，让他明了牌局形势以及你的牌力情况，要尽可能主打己方的优势牌型，保持住己方在牌局中的主动权。例如，己方单张全控时，对手打出了一张小王，你有大王也不接，而让搭档用大王去接，其实就是要告诉他，你没有优势的牌型好打，或者你要留做打防守牌型，从而让他接过去继续发牌。

下图所示的牌局中，北家主打对子发起进攻，西家用一对A封牌，南家就要拆3张级牌9，用对9果断压上去，然后继续打对子或打单张传牌给北家，而不能打自以为有优势的三带对。

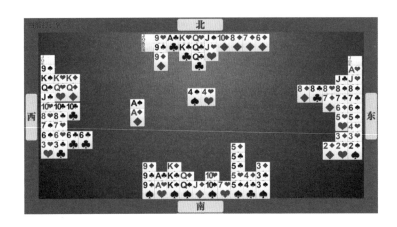

6. 主动承担防守重任

在对手发起进攻时，当配角的牌手要有意去偏重当好防守者，打好阻击战，尽可能减轻搭档的负担，不要让他为了阻挡对手的进攻而轻易去改变自己的牌型或消耗自己的实力。这是当好配角的一个很重要的任务。

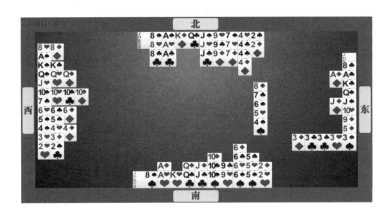

上图的牌局中，东家主打顺子发动进攻，北家不好要，而负责守底的南家就要改变牌型打好防守牌。他可以先用 10JQKA 一封到顶，然后打 555+22 的三带对传牌给搭档让北家接手（不要顺子则大概率是有三带对），这样就可以逼着对手先上炸弹，然后当西家开炸后再打小顺子时，南家既可以用 8910JQ 压一手，也可以用 6666 炸掉后再打单牌传给北家。

7. 留着大炸弹严阵以待

留着大炸弹也是当好配角一个应该要掌握的技巧，有时牌力不一定比较强，炸弹只有一两个，但是当有很大的炸弹或者可以用红桃级牌组成很大的炸弹时，就要尽可能把这个大炸弹留到最关键的时刻用，当有对手用大炸弹发起冲刺时，就可以用这个更大的炸弹封住。

上图的牌例，牌点又小又散，手数又比较多，但是高手们一定会优先选用红桃级牌 8 去组成一手黑桃 10JQKA 的大同花顺，以防对手最后的冲刺。

8. 发动佯攻，搅乱牌局

在牌局中，有时候牌力不太强，与搭档的牌型又不大吻合，如果搭档打出的小顺子被对手用 10JQKA 封死了，你却没有小顺子可以传给搭档，而单张、对子等这些牌型也会被下家封死，你打三带对的牌型搭档不大可能有，在这种情况下，你就要改变思路，争取打三连对、三不带等这些偏怪的牌路来冲击和搅乱牌局，破坏对手的牌型、吸引对手火力，为搭档下面发动进攻减轻阻力。特别是当你打到手中还剩余 10 张牌左右时，对手就必然会动用炸弹来遏制你，而在他们的炸弹有所消耗以后，你的搭档再接手过去，继续打顺子发起冲击，因为对手的牌型已经无法对他造成有力阻截，炸弹也已有所消耗，对他进行围堵的实力已经远远不足，你的搭档就会顺利登顶，而你当配角的任务也就圆满完成了。

第十五章　使用炸弹的技巧

第一节　炸弹的威力与使用

1. 炸弹的数量与质量

在一副全手牌中，平均大约会有2.2个炸弹，而在一副牌局的四副牌中，平均可能会有8.5个炸弹，炸弹又有大与小之分，炸弹越大，威力越大，其获得出牌权的机会也越大，所以，炸弹的多少与大小是一方牌手牌力强弱的重要标志。

2. 炸弹与牌力

一副牌中，如果既有三个以上炸弹这样数量上的优势，又有质量上的优势（都是较大牌点的炸弹甚至是同花顺），其牌力的优势就很明显。如果有四个或五个炸弹，就是超强的牌力。反之，如果只有一个炸弹甚至没有炸弹的话，这副牌的牌力相对来说就比较弱。

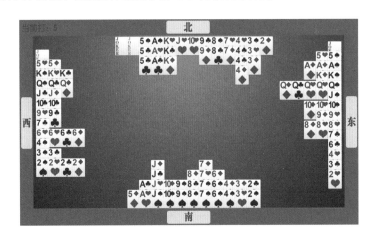

上图的牌局中，四家共有八个炸弹，其中西家可以组成三个炸弹，东家的牌力更强，不仅有黑桃10JQKA 和方片 910JQK（用红桃级牌 5 组配）两个大同花顺，手数也仅有七手，牌型很整齐，可以打出 A2345 和 678910 这两个顺子，还有 QQQ+88 的三带对与大王和 A 这两张单牌。这副牌如果东西家不出现大的失误，则很有可能把对手打成双下。

上图是一副炸弹偏多的牌局，四家共有 11 个炸弹。西家就有四个炸弹，其中还有梅花和黑桃（用级牌红桃 6 组配）两个 23456 的同花顺，一个 QQQ+KK 的三带对，以及大王、小王和一张单牌 7，可以说是一副典型的强牌。当然，这样好的牌在漫长的比赛过程中是难得一见的。决不能以这样不多见的例子为依据评价掼蛋全是靠手气才能打好的。

3. 不能盲目开炸

由于炸弹可以任意压其他七种牌型，所以炸弹在掼蛋比赛中的作用是非常重要的。作为一种宝贵的、优质的资源，在掼蛋比赛中必须要把炸弹用精、用准，用在必要的、关键的节点上。

有些掼蛋新手往往会因为不知道在什么时机应该开炸、到底该去炸谁而感到苦恼；有的会认为反正炸弹迟早要用，早用早发挥作用，所以就随意或盲目使用炸弹，甚至还会因为用炸弹时机不恰当反而挡住了自己搭档的牌路。

4. 慎重先出炸弹

炸弹虽然威力巨大，但是在常态性的一副全手牌中，数量往往只有一个或者两个，因此，那些掼蛋高手们对于炸弹的使用是非常慎重的，不到适当的时机或关键的时候，决不会轻易用炸，除非他手中有三个以上的炸弹，还有其他的强势牌型。据统计，在比赛牌局中，先出炸弹一方的失败率（当不成上游）往往会超过60%。

5. 炸点的选择

要成为一名掼蛋高手就必须掌握用好炸弹的技巧，而用好炸弹的关键在于掌握炸点的选择技巧，也就是要掌握主动开炸与被动开炸的技巧、什么牌该开炸什么牌不该开炸的技巧、重点应该要炸谁的技巧等。

第二节　主动用炸弹的技巧

1. 主动开炸发动进攻

当有条件去竞争上游时，为了取得出牌权，就要及时用炸弹为进攻开路，然后打出自己比较优势的牌型。

下图的牌局中，当对手持续打出南北两家都不好要的牌型时，因为南家手中是两个大炸弹和两个三带对的牌型，对手除非打三带对，其他什么牌他都无法顺套，打三不带或对子他接了也不合算。这时就要及时开炸争取拿到出牌权，即使对手跟炸，他也要用同花顺追炸，然后打出小的三带对，在还剩下 5 张牌时，牌情就明朗了，北家也好传牌过来了。

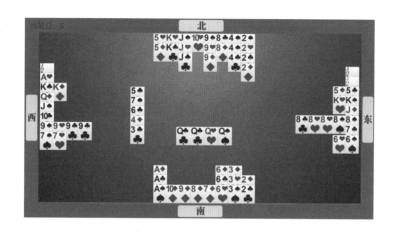

2. 跟炸对手继续进攻

当己方主打的牌型被对手用炸弹封堵时，就要及时跟炸对手，特别是要用骑马火（骑马火是指比对手的炸弹刚好大一点的炸弹，或者是用最小的炸弹炸大王以及其他牌型的最大牌点）来跟炸对手，继续发动进攻，而不要让对手打出优势牌型。

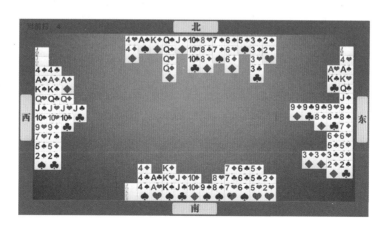

上图的牌局中，东西家在拥有单牌绝对优势的情况下，应该密切配合打对子发动进攻，如果遇到南家用级牌对 4 阻截，东家就一定要用小炸弹开路，继续打对子攻击对手的软肋，而西家在清楚了东家的战术意图后，就会及时来进行支持，持续送对子给东家，这样就可以牢牢掌握牌局的主动权。

3. 早炸大王继续走单

如果己方手中单牌比较多，又有大王和小王，而打出的单张对方早早就上大王封堵，说明他手中单张比较少，会改打他自己的优势牌型，这时就要尽早用小炸弹炸掉这张大王，然后继续打单张，这个打法在掼蛋比赛中很有实战意义。当然，打其他牌型时的道理也是相同的。

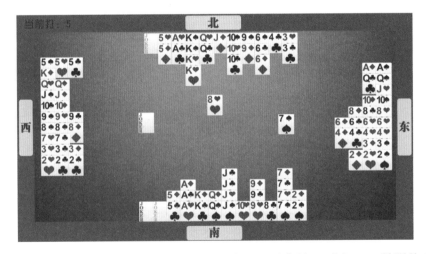

上图的牌局中，在东家打单 7 时，北家只上了一张 8，西家就上了大王，说明他手中基本没有单张，又急于要出牌，北家因为手中没有大王不会贸然动炸，如果让西家接连发出 222333 的小钢板与 778899 的三连对后，他手上还有 910JQK 的顺子、级牌对 5 和方片 8910JQ 的同花顺（用级牌红桃 5 配组），就离上游不远了。这时，因为另一张大王在南家的手里，南家就可以先炸西家的这张大王，然后继续不断走单张，甚至拆对子打单张，就会把对手打得很难受，不仅把握住了牌局的主动权，也

会把西家死死困住无法动弹。

4. 冲刺用炸弹的技巧

掼蛋比赛打到残局阶段时，往往会面临己方先冲刺、对手先冲刺或双方同时要冲刺这三种情况，而冲刺的方式包括有炸弹冲刺和无炸弹冲刺等。

下面介绍几种冲刺用炸的技巧。

右图的牌例，已经具备了发动冲刺的条件，这时应选择先用 QQQQ 开炸并十张报牌，然后准备打出 666 带对 9，最后再用三张 A 配红桃级牌 5+J 的三带对冲刺成功。通常情况下，四张 Q 的炸弹就会逼着对手使用同花顺或者五张的炸弹，你开炸后往往会给对手造成是五张 + 五张的假象，

即可能是一手五张的牌型 + 同花顺或者五张的炸弹，一般就不会来阻截你。如果在开炸或出牌前后，对手来阻击你时可以先忍一下，根据牌情选择用红桃级牌配大炸弹还是小炸弹。如果单张 J 能够顺利套过的话，则完全可以用红桃级牌 5 配组成 A 的大炸弹冲刺成功。

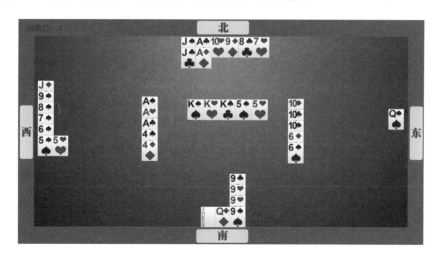

上图的牌局，是两家都要冲刺的局面，南家手中有 9999 的炸弹，还有一张小王和一张 A，他可以判明下家是一张 K，在上家（西家）用 AAA+44 接手并报牌为七张时，北家已无炸弹阻挡，这时南家就要开炸发起冲刺，如果他这手不开炸，则西家接着打出一张 5 后，就抢到了上游。如果南家开炸后，西家用同花顺追炸，则南家用小王压住后，就是上游，如他不炸，南家应该出一张 Q，然后用小王收回成为上游，但是，如果南家先打出小王，则上游又会是西家的了。

上图所示的两副牌例，都是有一个炸弹和一个对子的准备冲刺，这个对 A 的大对子与对 9 的小对子的区别就决定了是否可以先动炸弹，如果是大对子或你的上家只有一张牌时，可以先用炸弹冲刺，如果冲刺不成功，搭档可以传对子助你冲刺成功；而如果是一个比较小的对子，则搭档的传牌容易遭到对手的阻击，所以这副牌的开炸冲刺就要慎重，一旦这个炸弹被对手跟炸后，小对子就比较难冲刺成功了。

上图的这副牌例，还不够冲刺的条件，一定要耐心等待机会，过了一手牌后再冲刺，或者留着同花顺用来封堵对手的冲刺。

上图的这副牌例，如果等不到过一个单张或者三张 A 的话，可以主动用同花顺先开炸，或者跟炸对手的炸弹，然后打出 AAA 的三不带，逼着对方用炸弹来封堵，这时就等搭档传张单牌套过大王你就成为上游了。

第三节　被动用炸的技巧

1. 阻止对手攻势

当对手持续打出你和搭档都不要的牌型，如果不及时用炸，就会让对手的攻势一直持续进行下去，很快就要达到冲刺的节点，这时己方就必须要有一人开炸来转换牌路，打出己方的优势牌型。

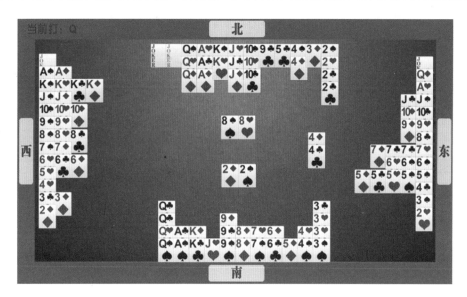

上图这个牌局，南家可以一直打对子，北家也是可以打对子的牌型，因此，东家必须及早开炸阻止他们的攻势，然后打出 A2345 的小顺子，西家用 23456 接手后，再打出 78910J 的顺子，牌局的主

动权就转换过来了。

2. 不让对手抢出一手牌

当对手急于抢出牌权，暴露出要打出手中多余的一手牌或想处理掉困难牌张而准备冲刺的意图时，就要马上开炸来阻止他抢出一手牌，让他想冲刺当上游无法得逞。

上图的牌局中，南家用AAA+66抢压北家的牌，手中还剩余八张牌，一般来说都会是5+2+1的牌型，他明显是想抢当上游，这时东家就要先开炸，然后再打三带对让西家接手，西家用101010+JJ接手后，再打777+KK，然后打出一对级牌5，最后打出单牌A并用3333接手，西家就当成上游了。

3. 阻止对手传牌

当对手打出的牌属于传牌给搭档"过桥"冲刺时，就要用大牌阻击或果断开炸进行"断桥"。

上图的牌局，北家还有八张牌，多属于5+2+1的冲刺牌型。因此，当南家传对子过去时，东家如果不确定他手中的JJ能够挡住北家，则应该先开炸，打出333+55传给西家接手。西家用KKK+1010接手后再打出23456的小顺子，就会逼南北家开炸，这样，西家就掌握了牌局的主动权。

4. 炸准对方主攻者

在一副牌局中，每一方一般都会有一名主攻手和一名助攻手，威胁最大的那个主攻手，往往会收着打。而在牌局刚开始就打得很凶的助攻手，会先逼对手两名牌手与他拼得死去活来，他手上其实后来只剩下一把烂牌，这时他的搭档就可以渔翁得利，在另一方牌力已经严重损耗的情况下，成功抢得上游。因此，如何判断出哪个对手威胁更大，并把炸弹主要用在他的牌力上，是对牌手技术水平的考验。

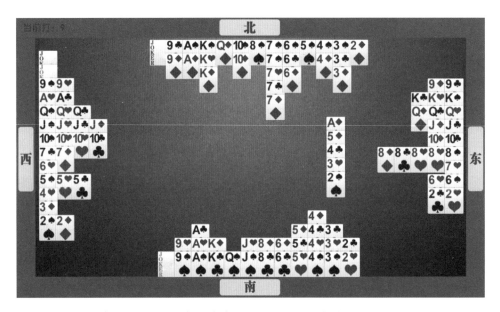

上图这个牌局中，东家先打顺子，南北家都不好要，然后东家可以继续打顺子或者三带对，看起来会冲得比较凶，但是最有威胁的其实是西家。因此，南北两家就要先沉住气，前面一两手牌不能急着开炸，如果先把炸弹用于东家，可能就防不住西家发起的进攻。

5. 防止对手冲刺

① 首先要加强远程预警意识，提早用小炸弹封堵住对手的牌路，不让对手轻易过关键的一两手牌。在掼蛋比赛中，经常会见到有牌手还剩 20 张牌时，就用两个同花顺带两手五张的牌型进行冲刺。所以有时在对手只打出六七张牌时就要开始防范了。

② 封牌的时机与炸点的选择要精准才有效果，当对手有冲刺可能时，守底者一般应该提早一两手开炸，不能犹豫观望，迟一手开炸就让对手顺利冲刺成功的例子在比赛场上是经常出现的。

③ 当对手在剩余 5 ～ 7 张牌时，该炸一定要炸，不能让他偷一张牌成为上游。

④ 尽可能组成一个更大的炸弹，准备留在最后的关键时刻使用，越大的炸弹到最后发挥的作用就越大。

第四节　炸弹使用的先后顺序

1. 先用固定的炸弹

开炸一般应先使用固定的炸弹，然后使用可以变化的炸弹，最后再使用红桃级牌配的炸弹，要尽可能用红桃级牌配成更大的炸弹。如果是大的同花顺、六张的炸弹等要留到最后关键时刻再使用。

上图是级牌为 7 时炸弹使用顺序的牌例。首先要使用四张 3 的炸弹，如果要封堵对手比较大的炸弹时，可以组成方片 45678 的同花顺，然后打出 45678 的杂花顺；这手牌型也可以在对手打对子时，先以对 7 来封堵，然后打出 445566 的三连对，这样就可以保留四张 8 的炸弹。当用红桃级牌 7 配 9 以上的牌型时，一般是要尽可能保留配梅花 910JQK 的大同花顺，但是当对手主攻顺子时，也可以用 10JQKA 来封死，而用红桃级牌 7 配成四张 9 的小炸弹。

2. 先用小炸弹

小炸弹要及早先用，不让资源闲置。在掼蛋比赛打到残局阶段特别是冲刺阶段时，用小炸弹往往是得不到出牌权的，甚至在想用时已经用不上了，这时你手上的小炸弹反而变成了鸡肋，所以手中有两三个炸弹时，一般都要在开局或中局阶段先用小炸弹来炸对手的大王或者其他强势牌型。

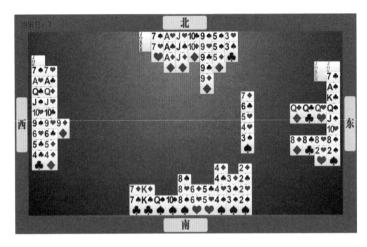

上图这个牌例中，东家有可能接连打出顺子或单张和对子传给西家，这时南家就要用 2222 的炸弹先开炸，然后打出 333+55 传给搭档北家接手。

3. 助攻者要先开炸

当牌手定位为打助攻牌时，就应当在必要时主动先开炸来阻击对手的进攻，或是打掉对手对己方进攻的阻碍，然后送牌给搭档来发动进攻，以保留搭档的牌力夺取胜利。

4. "四不炸"原则

① 当炸完以后不知道应该出什么牌时，一般不要开炸。

② 当对手的牌型不是到顶牌点时，例如不是大王、不是 AAA+55 或是 10JQKA 的顺子时，不是守底者一般不要先炸。

③ 当不能准确判断对手谁是主攻者时，一般不要急于开炸。

④ 当对手牌力明显很强，己方炸弹较少、牌力较弱且肯定争不到上游时，就不要急于开炸，更不要与对手中的强者硬拼，要保存火力用来二打一，避免被打成双下。

第十六章　打好进攻牌的技巧

第一节　掼蛋进攻中的"以正合，以奇胜"

1. 进攻是主要战法

在掼蛋比赛中，只有采用主动发起进攻的战法，才能击溃对手，获得牌局的主动权。在掼蛋比赛中，还很少有不敢主动进攻，只会被动防守而能够取胜的牌例。

2. 以正合，以奇胜

《孙子兵法·兵势篇》中指出："凡战者，以正合，以奇胜。"其原意是，在作战时，要先把正面的兵阵排好，合乎法则，这叫作"正"，是有形的，是正面军事力量的对比；而"奇"通常是指以军事力量之外的因素来辅助军事力量的对抗，有时是有形的，有时是无形的。"以正合"是常态，是战争的主流战法；"以奇胜"是非常态，是只能对战争胜负带来一定作用的非主流的辅助战法。

当战争双方实力相差明显时，只要强大的一方稳扎稳打，不犯战略性错误，弱小的一方即使取得几次"奇胜、小胜"也难以改变全局上、总体上失败的命运。但是在双方实力相差不大时，以出奇而制胜的作用就会显得比较重要了。

3. 实力因素

在掼蛋比赛中，全手牌的牌力、选手的技战术能力、搭档配合水平、临场充分发挥水平这四种因素相叠加，基本上就代表了比赛双方的实力。这四者中，牌力的好坏是会有起有伏的，而如何组好牌、

打好牌、算好牌与打好配合才是牌手真正实力的体现。

应该说，牌手的技战术能力、良好的配合、临场能否充分发挥水平才是决定胜负的重要因素。比赛时间越长、比赛副次越多，这三大因素就会发挥出更大的作用，水平越高的牌手就越容易取得更好的成绩，而手气因素在这样的比赛中对他们的影响并不会太大。

4. 打好进攻牌

在掼蛋比赛中，一些优秀的牌手在有优势或者比较优势的牌力时，往往都会采用"以正合"的强势打法，他们会选择摆开架势，主动发起正面进攻，并且攻势会比较坚决，打击对手的弱点会选择得比较精准，这样就能打乱对手的牌型，比较早确立在牌局中的优势。同时，采用"以正合"的正面强攻打法给对手造成的心理震慑会非常大，很快就会击溃对手的斗志，使比赛早早分出胜负。

而当他们的牌力相对不是很强或者比较弱时，就会更多考虑运用谋略"以奇胜"，这时他们一般不会选择从正面去与对手硬拼牌力，而是会采取有序抵抗、逐级压制、适当周旋、等候机会、发起反击等方式；甚至也经常采取"放一家、打一家"的战术，把上游让给对手的一名选手，而把另一名对手打成下游或三游，尽力避免被对方打成双下的最差结果。把己方的损失降到最低，也可以算是弱势一方"以奇胜"的要义之一。

第二节　主动进攻需要较好的牌力资源

在抓到一手牌后，需要具备哪些牌力资源条件，才能去主动发动进攻，并争取成为上游呢？下面与大家分享下。

1. 明显强牌要主动进攻

当有明显的强势牌力，如手中牌炸弹多、牌型整、牌点大、有大王等，即使对手二人共同来阻击和遏制你，也很难抵挡住你的进攻。这时你就应该主动发起进攻，拼掉对手的一部分实力，而不要让你的搭档去消耗太多的牌力。

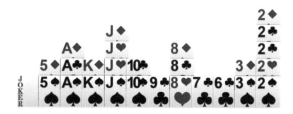

上图这个牌例，有三个比较大的炸弹（包括梅花678910的同花顺），还有一张大王，有级牌对5与AAA，又没有小单张，牌力是很强的，在比赛中就要主动早接手，并用对子发起进攻，而决不能在对手打顺子等牌型时消极让牌，让搭档产生错觉。

2. 牌力较强要顺势而攻

当有相对较强的牌力，如炸弹不是很多，但是牌型比较整齐，打出的牌能打能收，或者比较容易套牌顺过，到最后阶段还有大炸弹来进行冲刺，就要采取顺势成为上游的打法。因为牌力不是很强，炸弹不是很多，所以不要过早暴露自己的战术意图，有时要适当隐忍，如果过早暴露了自己的进攻意图以后，对手就可能联手来进行重点夹击，不让你有出牌权或者不让你顺利套牌，可能就会陷入重重围困之中，而这时往往就需要搭档出手相助，及时助攻传牌给你，帮助你渡过难关。

上图这个牌例，虽然只有一个梅花910JQK的大同花顺炸弹，但是因为有大王、两张级牌，有三带对和对子的明显优势，910JQK的顺子，10和K两张单牌也容易套过，所以也可以算一手比较强的牌。只要在比赛过程中，不轻易使用炸弹，耐心等待跟着套牌、过牌或者有搭档传牌助攻，就有可能获得上游。

3. 主攻助攻要适时转换

根据牌局的变化情况，搭档之间应审时度势，及时进行主攻与助攻的角色转换，力争实现一副牌局的胜利目标。如己方两名牌手的牌力都比较强，都有自己的优势牌型，这时一般就要由先获得出牌权的那个队友发起主攻，而另一名队友则应先按兵不动，如果搭档在进攻中受阻，冲不破对手的封堵时，你要么及时给他送一手牌助攻，要么就趁着对手已经拼得精疲力尽，主打自己的优势牌型，变成新的主攻者，向上游发起冲锋，并尽可能让搭档可以借风出牌。这时，原来的主攻者就变成了助攻者，而原先准备当助攻的一方则变成了主攻者。

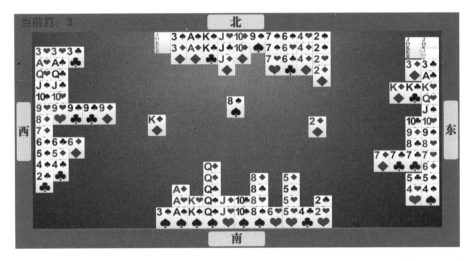

上图这个牌局，由东家先打单张发起首攻，虽然他有两张大王，具有打单张的很大优势，但是他只有一个小炸弹，很快就会被对方封住牌路。而西家就要及早主动接手打主攻，他可以组成方片56789、梅花 A2345（用一张红桃级牌 3 配成）的两个同花顺，还有四张 9 的炸弹。先打 445566（用一张红桃级牌 3 配成）和 1010JJQQ 的两个三连对，手中只有一张 A 的单牌，就可以顺利获得上游。如果南家和北家与西家猛拼，则东家就有可能会渔翁得利，至少也能打成三游。

第三节　打好进攻牌的技巧

1. 优势强牌正面强攻的技巧

在具有很强的牌力时，如手中炸弹足够多、牌型整、牌点大、有大王等，就要主动发起正面进攻，与对手拼实力、拼斗志、拼牌技，甚至在刚开局时，就要主动打断对手的主打牌路，然后打出自己的进攻牌路，从气势上震慑住对手，从牌力上打垮对手，从而一举夺得牌局的主动权。

发起正面强攻要掌握的技巧主要有如下几种。

① 先为不可胜，而待敌之可胜。强牌时，要坚持打自己的优势牌型，如非必要，不要轻易改变自己的牌型与手数，不要轻易被对手"带节奏"。有时一着急，一改变牌型，哪怕只多了一手牌，这个上游的机会可能就失去了。

上图这个牌例，除了打三带对和打对子（要先套对 5），其它牌型都不能跟牌接牌，否则一旦改变牌型就很麻烦。所以关键时刻就要先用 678910 的同花顺开炸，然后打出 333 带 55，如果对方不开炸拦截，则你可能就顺利套过 AAA 带 22，只剩下 QQQQ 的炸弹，如果对方开炸，你可以等待搭档先开炸，然后传你一手三带对。因为这时你的牌路已经打明了，搭档就会围绕你的牌来打。当然，如果判明对手实力不是太强时，这个 QQQQ 的炸弹也可以先用上去。

② 两强相遇勇者胜。一旦发起强攻就不能退让，特别是当对手用炸弹封你时，就要勇敢迎接挑战，决不能轻易示弱退缩，你退让了一两手牌后，战局的主动权就会落到对手手中，甚至就会失去获胜的

机会。当然，如果牌力明显不如对手时也不要硬拼。

③ 兄弟齐心，其利断金。发动强攻时要密切配合，掌握节奏。打进攻牌一般都需要有搭档的密切配合。因此，有时不能把自己的牌力特别是炸弹早早就拼完了，而是可以先等待一下，让搭档先发力，然后传牌给你，让你顺利冲刺。

④ 稳扎稳打，步步为营。强攻而不蛮干，发起强攻时决不能一味蛮干，胡打乱拼，要注意观察牌局形势，有时也要先打好防守牌，再适时进行防守反击。

2. 相对强牌顺势而攻的技巧

① 如果有相对较强的牌力时，就要采取顺势而攻争当上游的打法。当你的牌力不是很强，炸弹比较少或者牌型不是很占优势，主动上手的机会不会太多，就不能与对手正面硬拼，有时要有所隐忍，多跟多套几手牌，待条件具备时再果断出手发起正面强攻。

② 打好顺势而攻的牌应特别注意不能轻易改变自己的牌型与手数，如果被对手带乱了牌型，增加了手数，就可能失去了在最后阶段争当上游的机会。

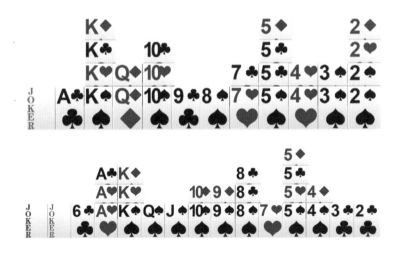

上图这两个牌例，上面这副牌虽然有三个炸弹，但是其它的牌型都不强；下面这副牌，虽然有两个炸弹，其中一个是大同花顺，还有大王、小王以及三个 A，但是 2、3、8 这三张小单牌想套走很困难。所以类似这两种相对强牌都要适当隐忍，一定要先处理好小牌后，才有可能争当上游。

3. 牌力不强试探进攻的技巧

① 掼蛋的牌力强弱情况在每副牌局中的可变性很大，有时会出现四名牌手综合牌力都比较强的情况，有时也会出现四名牌手综合牌力都比较弱的情况。在开局阶段对这些情况不是太了解时，千万不要感觉自己的牌力不够强就放弃发起进攻，从而自动放弃战场上的主动权，特别是在双贡情况下更要这样去考虑。

② 因为掼蛋是两个人对两个人的团队作战，而不是一个人对一个人的单打独斗，因此，当某位牌手牌力不强时，往往他的搭档可能会有其他的牌型优势。这时就是要先进行一番试探进攻，在基本弄清楚各家牌力及牌型情况后，再根据己方两人的牌力与牌局情况来决定下一步的进攻方向，坚决配合搭档打好己方的优势牌型，寻找新的进攻突破口。

下图这个牌局，东家手中小单张比较多，在情况不明时，先打对 3 探路，正好被搭档接手，然后东西家接着再继续打对子，就可能打乱对手的牌路，从而掌握牌局的主动权。

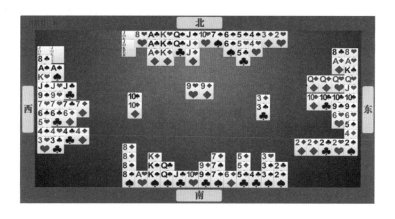

4. 牌力较弱搭车上路的技巧

在牌力比对手稍弱时，就不宜多采用与对手正面硬拼的战法，而是要把握好牌局形势，运用谋略，以奇制胜。很多掼蛋高手在抓到一副比较弱的牌时，一般都会先隐藏好自己的战略意图，不去引起对手的警觉，选择不露声色、巧妙搭车、顺势跟牌或变牌跟牌的方法，到了最后阶段才突然杀出来进行冲刺，打得对手猝不及防。

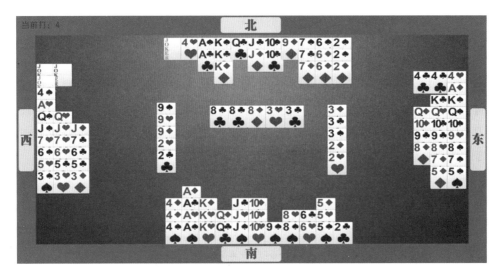

上图这个牌局中，南家的牌力不算强，单牌处于绝对的劣势，但是其他各家的牌力也不是很强。所以，如果他能够不露声色，顺套过牌，就完全可以在最后时刻用四张A的全场最大炸弹冲刺成功。这副牌东家首出333+22，北家和西家分别选择上888+33、999+22，而南家应该直接用KKK+66取得出牌权，然后一定要把单张2先打出去，让西家取得出牌权后，西家一般会打出555666的钢板，这时，南家就可以用101010JJJ的钢板压住后，再把一张9打出去，然后再等西家打出三带对或三不带时，用444（级牌）+66压住，这时，不管东家是否开炸，南家已经能大概率成为上游了。

　　上图是一个比较经典的残局牌例，九张牌中，同花顺会是很有威胁的，一旦先用同花顺，再打出一对 Q 后，他的一对 K 大概率就走不掉了。因此，这副牌一定要耐心等待套牌过关，千万不要急于开炸。一般情况下，对手是不会打 5 张牌的，往往会打对子或者是单张，如果打对子，则正中下怀，顺套一手就过关，甚至可以耐心再等一个对子后再开炸让搭档借风出牌。而如果自己的上家打出的是一张小单张，你就可以先顺套过一张 7；如果上家出牌大于 7，则可以跟一张黑桃 Q，等上家再打单张时再套一张方片 Q，这时你冲刺的条件就完全成熟了。

第四节　辩证思维打好进攻牌

1. 你打你的，我打我的

　　"你打你的，我打我的，打得赢就打，打不赢就走"是克敌制胜的一个重要法宝。同样，在掼蛋比赛中双方比拼的重点就是要各打各的优势牌型来争夺比赛中的主动权。因此，如何在比赛中扬长避短，避实击虚，特别是在手中炸弹不多的情况下，就更加需要避开对手的优势牌型，不能与对手硬拼，而是要充分发挥己方的技术优势与配合优势，力争掌握牌局的主动权，争取比较合理的游次。

　　例如，如果己方两个人的单张牌都比较强，大王、小王基本在己方，则两位搭档应尽可能控制打单张，有时甚至要拆开手中的整牌坚持打单张，逼使对手先动炸弹。

　　再如，你的搭档手中有一张大王，且有单张优势，而他所需要的顺子牌型你却没有，你手中也没有单牌了，随手打出整手的小三带对的牌型，可能正好出到对手的手上，而把己方原本占据主动优势的大好局面拱手送给对手了。如果你这时不具备冲刺当上游的条件，那一定要拆牌送单张给搭档，让他顺利接手，为他成为上游创造有利条件。

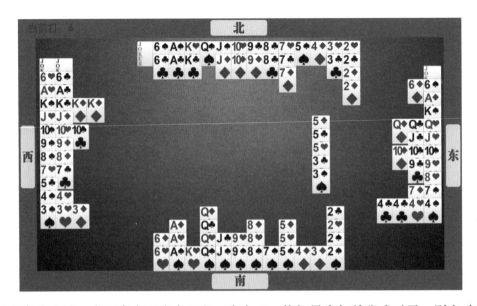

上图是东家首出牌，东西家有两张大王和一张小王，他如果先打单张或对子，则主动权和控制权就一直在东西家，如果先打三带对，则会被南家很愉快地顺套过 888+55 和 AAA+99 两个三带对，然后把单张 7 先打出来，手中还有三个炸弹，包括方片 34567（用红桃级牌 6 配成）的同花顺，这样东西家的优势还没有发挥出来，局面已经失控了。

2. 集中优势，攻敌薄弱

在掼蛋比赛中，当己方一个人的牌力不足够强、凭一己之力不足以冲击上游时，就可以集中两个人的牌力发起进攻配合，坚决主打己方的优势牌型，坚决进攻对手的薄弱环节。如对手怕打单张，你就坚决打单张，对手怕打对子，你就坚决打对子，对手以打顺子为主，你就坚决打三带对等。

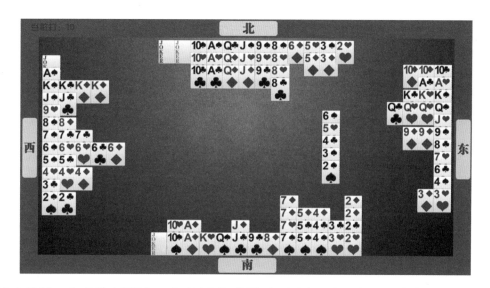

上图这个牌例，东家首出顺子，下面还会跟着顺子，因为北家不好要，南家这时就要用尽可能大的顺子封住，再打出 444+33 的三带对来破掉东家顺子的牌路，把主动权交到北家手中。

当然，比赛中一定要应时、应势、应敌而变，一定要把握好"适度"与"节奏"，集中打优势牌不能把自己的牌型完全拆散了，更不能因为要攻击对手而把己方两个人的牌力全消耗掉。"搭档在拼命，你要留后劲"，这句口诀说的就是队友之间，必须有一个人保留一定的牌力，才有可能避免局面完全失控。

3. 有虚有实，有真有假

在发起进攻时，采用虚虚实实、真真假假的战术数不胜数，很少会有一方会去把己方的主要进攻意图都摆在明面上。

在掼蛋比赛中，双贡时，大小王的情况基本是明确的，而其他的牌力情况都不是很透明；如果是单贡，大王、小王的情况不是非常明确，就会使牌手们在比赛开始后对各家的牌力强弱情况难以判断，这样就有机会使用有虚有实、有真有假的打法，通过实施战术欺骗来迷惑对手，从而使己方处于更有利的牌局地位。

上图这个牌例是贡牌后首出牌，可以先打单张 3，造成迫切需要过单张牌并想争上游的假象，这时对手就会先封堵你单张的牌路，然后再出其它的牌型，而你这时可以组成 678910 的杂花顺和梅花 8910JQ 的同花顺，还有三个 5 与三个 A 的三带对，都比较容易跟牌上手，这样你当上游的机会就来了。

上图这个八张牌的牌例中，可以先很爽快地用四张 10 的炸弹开炸，这时手中剩下 4 张牌，对手一般不会再跟炸，而你接着打出一对 3，再用一对级牌 6 收回，如果对方是用炸弹来拦截你，你的搭档在接手后就可以再打对子来送你成为上游。

上图这个九张牌的牌例中，不管是用三个 A 的三带对接手出牌，还是有领出牌权时，都要先把三个 A 的三带对先打出去，当你手中剩下四张牌时，对手也会按"枪不打 4"的一般规律而不开炸，这时你再打 555 的三不带，留下一张小王，就可以等你的搭档来送你过关，至少也会把对手单张的牌路给封死。

上图这个六张牌的牌例，在有领出牌权时，一般会有两种选择：先出小顺子或先出大王。当能够判明外面已经没有顺子时，就可以先出顺子逼炸。如果外面可能有顺子，则高手通常会选择先出一张大王，让对手形成误判，认为你手中必然会是一手炸弹，从而让你的小顺子接着打出来当成上游。

上图这个牌例，己方有领出牌权时应该怎么出呢？常规打法可能会先出顺子，因为这手顺子不大，可能会被对手接过去，此后你的牌就不好打了。这时你可以主动出大牌示强，使对手产生误判而让你冲击上游成功。先出 444 带级牌对 3，当对手压住时，你就毫不犹豫地用四个 J 的炸弹开炸，这时，对手一看你连一对级牌都跟出来了，会判断你手中一定还会有一个大的炸弹，从而放过你让你再走出这手小顺子。

第十七章　打好防守牌的技巧

第一节　防守与进攻的关系

1. 攻防的辩证统一

防守与进攻在战争中是辩证统一的，有进攻就必然会有防守，如果能够在战争中打好防守阻击战，不仅可以抵挡住对方的进攻，甚至可以起到扭转战局的重要作用。

2. 力求能攻善守

在很多直接对抗性的体育项目中，如果只注重进攻而不善于做好防守，不可能取得好成绩。因此，许多优秀的体育团队和优秀运动员都是能攻善守的杰出典范。如中国乒乓球运动员张怡宁，她的防守相持能力非常强，她常常把对手防（磨）得没了信心。中国女排与很多世界强队相比，在身高与力量上有明显不足，她们在防守训练与快速反击等技战术方面狠下功夫，最终也能屡胜强敌。

3. 首先打好防守牌

掼蛋比赛的过程其实也是比赛双方不断交替进行进攻与防守的过程。因此，当对手发动进攻时，就必须要先做好防守，及时阻击住对手的进攻势头，然后再争取转机甚至是胜机。有些牌手打牌只喜欢打进攻牌，而不善于打好防守牌，就会让对手有很多空子可钻，甚至悄悄带走胜利果实。在牌局中，如果打不好阻击战，有时只是让对手多走一手牌，就输掉整个牌局。所以，要想打好掼蛋，必须重视打好防守牌，坚决、及时、有效地打好防守阻击战。

第二节　阻断对手传牌是防守的重点

1. 阻断对手传牌的实战意义

由于比赛中双方牌手间都会相互配合传牌发动进攻，因此，及时、果断、有效地阻断对手之间的传牌是一项非常重要的防守技巧。对手先发的牌型，一般都会是主打的牌型，己方就应及时识破对手的意图，尤其是对于对手在形成冲刺前的关键性传牌，必须立即阻断。在牌局中经常会看到，一手坚决而有效的阻断传牌，就会让对手因少过了这一手牌，而无法形成冲刺，不能成为上游。

2. 阻断对手传牌可以灵活应对

阻断对手传牌不是非常教条或非要开炸不可的，而是要在比赛中采用灵活应对的各项措施，有时需要逐次逐级抵挡，有时需要一封到顶，有时就只能用开炸来阻击。如果开局或中局阶段自己恰好也是这种牌型时，就可以顺势套牌。当然，这个顺势出牌的目的是争取上游，如果这个势头一直被对手掌控，或者对对手更为有利，则应适可而止，要及时出手阻断对手的牌路。

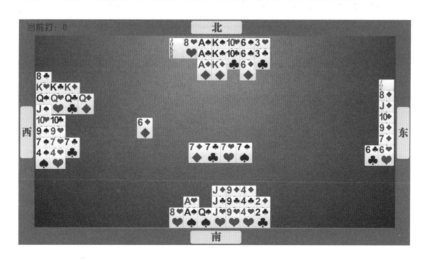

　　上图这个牌局，当西家送出一张单牌6，东家只要过这张小王，就可以稳获上游。这时，南家就要果断开炸，然后送出444+22的小三带对给搭档用666+33接手，如果西家开炸再出单张送牌，南家仍然要开炸然后送出小三带对，而如果西家是炸北家的三带对，则北家就应该上四张K（用红桃级牌8配成）的炸弹追炸，然后再继续打三带对，这样上游就非南北家莫属了。

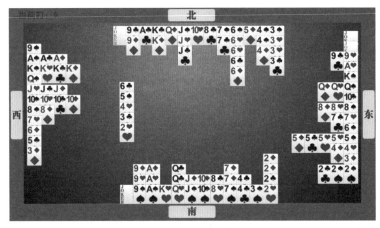

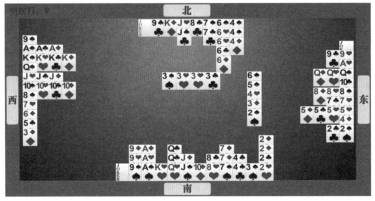

上图这个牌局，西家先打 23456 的小顺子，南家的牌型不好要，北家就要先用 10JQKA 的顺子封牌；在东家再传 23456 的小顺子给西家时，北家就要开炸阻击，不能让西家再跟小顺子，这样，北家就很好地阻断了对手打顺子的牌路。

第三节　打好防守牌的技巧

1. 大牌封顶阻击

例如，对手打顺子时，往往后面还会跟有顺子，因此，己方牌手应该要有一人在不过度打乱自己手上牌型的情况下，尽可能用 10JQKA 去封死他这个牌路；而在对手打三带对时，则可以用三个 A 带对子封死对手的牌路，一封到顶，不留缝隙，然后再打出己方的优势牌型。

2. 用较大牌阻击

对手主打的进攻牌型，如果不能封顶阻击时，可以考虑用较大牌及早进行阻击，就可能会消耗对手的牌力，打乱其原定进攻计划。如果封堵不住，己方两名牌手就要考虑及时开炸来阻击对手的主打牌型。

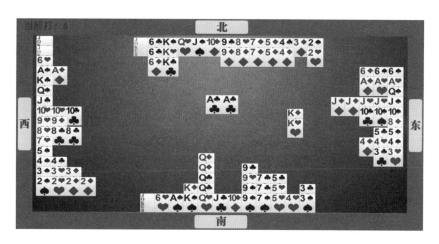

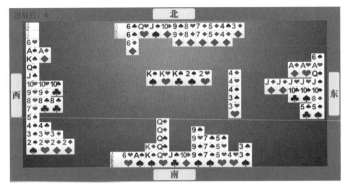

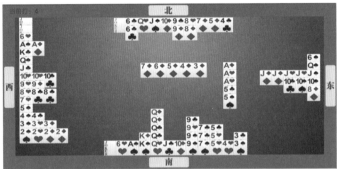

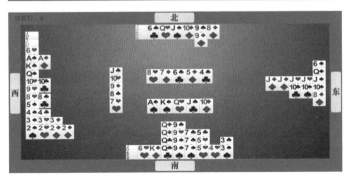

在上面的四个牌例中，我们来看一看北家是怎么打防守阻击的。

① 当东家发动对子攻势时，北家先用对 A 压住东家的对 K。

② 在东家用对 6（级牌）压住对 A 后又打出 444+33 的三带对时，北家用 KKK+22 再顶一下。

③ 在东家还能够用三张 A 带对 5 收回时，北家这时作为第一责任人，在自己不大可能做上游的情况下，就要毫不犹豫地用 34567 的方片同花顺先开炸，不能让东家再出牌了。

④ 北家预判南家会需要顺子，而且东家也不好要，就先打出一手 45678 的小顺子，正好让南家用 10JQKA 的大顺子接手。南家在掌握领出牌的主动权并且有三个炸弹的情况下，即使下面东西家也有三个炸弹，他也很容易打成上游。这样北家就比较成功地完成了防守与助攻任务。

3. 变化组牌阻击

为了有效阻击对手，有时需要将手中原定的理想牌型重新进行变化组牌。根据对手进攻的牌型，有时要组成三连对，有时要重组成顺子，有时要忍痛变成三不带等。实战中我们还经常会看到一些牌手在对手主攻对子时，不惜将四个 A 的炸弹或三张级牌改成对子来封堵对手。

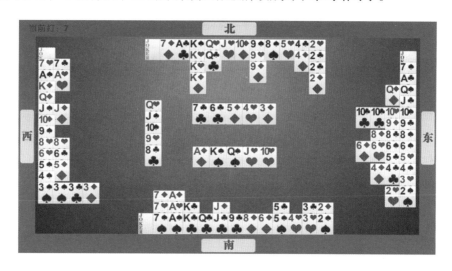

上图的牌局中，南家有四个 A 的炸弹，可以在遇到对方打顺子时，先拆一张组成 10JQKA 的大顺子接过出牌权，然后可以保留 AAA+22 的大三带对再来阻击东家的三带对，这样既充分发挥了四张 A 的防守作用，又可获得两次领出牌权。因为有红桃级牌 7 可以组成梅花 910LQK 的大同花顺，还可以组一手 45678 的小顺子，这副牌就活了。

上图的牌例中，这五张 8 是级牌，是威力很大的牌力资源，尽可能不要作为一个炸弹一次性使用。特别是在防守时，分别可以拆组成最大的三带对或两个大对子，用来封堵对手这两种牌路。也可以在对手用拆分全打单张时，分别拆开压上去，以有效阻击对手总是打单张的牌型。

4. 阻击下家过小牌

注意控制不让下家的小单张、小对子等轻易顺过，有时就能让他无法取得胜利。如下家凑了三个或两个顺子（同花顺），常常就会余下几张小单牌，有时只要多溜走一张小单牌，就会让他当成上游，这

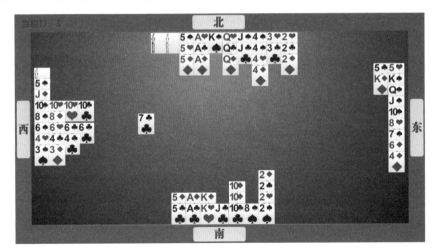

时就要控制不让下家过小牌，哪怕自己的小单牌再多也不能随意出手。在实战中，我们经常会看到高手们要拆掉手中的大对子，如先拆 A，再拆 K 或 Q，坚决不让下家顺小单张，使对手实现不了冲刺的例子。

上图的牌局中，东家过一张 K 后就可以用黑桃大同花顺冲刺上游，所以南北两家要重点防守不让他套过这个单张。在西家先打单张 7 传牌时，南家作为第一防守者，不能顺过 8，而是应先拆一张 A 阻挡，而北家先用小王直接上手后打三带对，西家开炸后再打单张送牌，南家仍上一张 A，这时北家就要拆一张 5 接牌，如果西家上小王，北家再上大王，这样东家就没有冲刺的机会了。

5. 防守阻击也要量力而行

掼蛋牌局中，各家牌力时常会有强弱的变化，所以要提倡理性对待牌局，有时遇到对手的牌力很强，而己方的牌力较弱，既没有足够的实力与其正面硬抗，也没有争取上游的希望时，就要量力而行，不要去硬拼蛮干、把有限的牌力消耗殆尽、把自己的牌型破坏殆尽，而是要保留实力，采取"放一家，打一家"的战术，放走最强者，力争把另一家对手打成下游，从而把己方的损失降到最小。如果总是被打成双下，则己方在牌局中就很容易一直被动下去。

6. 防守后的回马枪

在打防守牌时，有时也可以采用杀个回马枪的战术，就是当对手打明显优势的牌型时，因为你也有这种牌型，但是牌点偏小，所以就不一定要全力去阻击，放他把这种优势牌型打完之后，你再把己方手中这个较小的牌型打出来，对手因为没有这种牌型了，反而会无所适从。

例如，手中的单张比较多、又没有大小王收回，这时就不能先打出这些单张，而是能跟则跟，等对方的大王、小王都打出来之后，手上都是整手牌型时，你再开始把小单牌打出来，而这时对手反而不好要了。如当对手把顺子都打完了之后，你再开始打小顺子，而他这时却无法再组成顺子来阻拦你了，你相当于杀了个回马枪，让他后悔莫及。

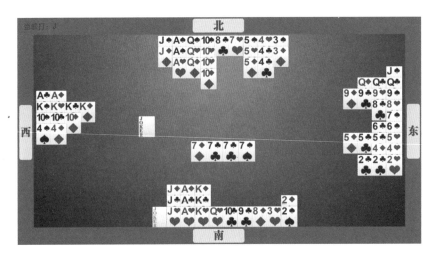

　　上图这个牌局，当西家手中最后一张大王打出来以后，他就准备要冲刺了，这时南家先用四个7的炸弹开炸，截住西家的冲刺，西家如果用四个K跟炸，南家就再用梅花910JQK（用红桃级牌J配成）同花顺把他压住，然后把单张3、8和Q、J慢慢打出去，即使东家下面再开炸送牌，北家也可以及时阻击然后再打小单牌，西家就无法冲刺了。

第十八章　管控残局的技巧

第一节　打好残局至关重要

1. 打好残局决定胜负

一般来说，在有牌手 10 张报牌前后，掼蛋比赛就进入了残局阶段，残局阶段将进行决定胜负的战斗，首先是决定上游的归属，然后区分出二游、三游和下游，并将以此来决定上游方的升级数。

2. 加强配合管控残局

残局阶段是比赛双方相互攻防最为重要的时段,也是牌手们技战术水平发挥最为重要的时段。这时,有些牌手的牌张数已经不多,手数可能只有一两手,如果排除一方牌力特别占优的因素,残局时要求牌手们计算与判断更加精准,配合更加精密,不犯或少犯原则性、致命性错误。一方面己方要力争成为上游,另一方面要全力去阻击对手冲刺不让其成为上游,或者争取对己方最有利的比赛结果。

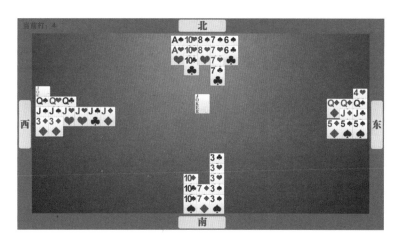

上图所示的残局中，东家（9张）和南家（10张）各是2手牌，已经可以冲刺，北家（13张）和西家（12张）也已临近冲刺。这时北家用大王取得领出牌权，只要不打三带对，而是打对8再用对A收回，必然会逼对手先开炸，比赛局势就会对南北家很有利。

第二节　管控残局的技巧

1. 牌情判断要准确

在残局阶段，各方的牌力与牌型通过开局和中局阶段的出牌与比拼已经基本暴露出来，这时，牌手一定要保持清醒的头脑，读清牌局形势，明确自己在残局阶段的定位，才能打好残局。

残局阶段需要多思考，可以从以下几方面入手。

① 己方的牌力是否能争取到上游，如果是队友有可能冲刺争上游，自己应如何打好助攻。

② 如果自己有机会去进行最后冲刺并夺取上游，应该如何跟好关键的一两手牌，应在什么时机去争取领出牌权。

③ 自己冲刺时用的炸弹是否足够大，是否会被对手反压住而冲刺失败。

④ 对手这时还有什么样的牌型与炸弹，对手冲刺前需要套过什么样的牌型。

⑤ 己方搭档需要什么样的牌型。

⑥ 对手中谁是那个真正对本方形成最大威胁的人。

除此之外，掼蛋高手们还会在残局的最后阶段记住已经打出来的牌张，分析判断出剩余牌张分布情况及对手的牌力与牌型情况。例如，对方手中的 10 ~ 15 张牌、特别是 10 张以下的牌都可能是什么牌型，他有哪些优势牌，应该怎么样去进攻与防守等。

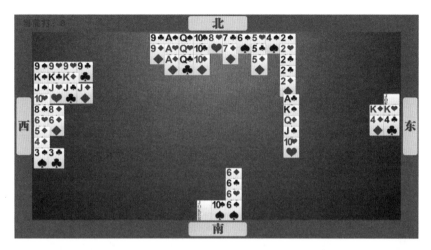

上图这个牌例中，其实最有实力、最有可能成上游的并不是手中牌最少的东家和南家，而是手中有两张红桃级牌 9 的西家，因其牌型组合变化会比较多。

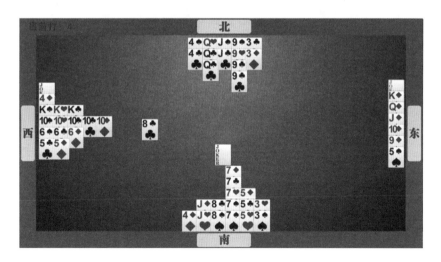

上图这个牌例中，东家手中有七张牌，是 5+1+1 的牌型，其中，五张是一个大的同花顺，单张中有一张小王，他是威胁最大的对手。这时西家送单张给东家过牌，南家就先要上大王去防堵，如果西家开炸后再送单张，南家就要用炸弹来阻截，然后送小对子给搭档北家接手，如此一来就可以有效阻截住东家的冲刺。

2. 强牌要多消耗对手

残局时当自己的牌力较强，并且有把握去获得上游时，要尽量将手中的大牌先发出来进行"诱炸"，多消耗掉对手的一两个炸弹，从而为自己的搭档减轻负担，为他在下面的牌局中争取好的游次创造有利条件。

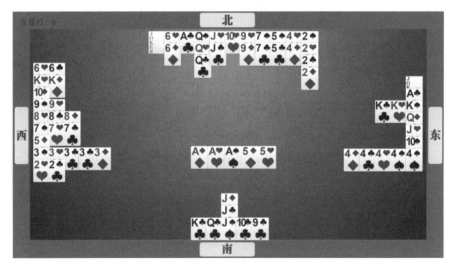

上图这个牌例，南家领出牌，他手中的 12 张牌，有一个梅花 910JQK 的大同花顺、一个 AAA+55 的三带对和对 J，这时就应该先出 AAA+55 的三带对，手中还剩下七张牌，而对手往往会根据"炸 7 不炸 8"而用炸弹来阻拦你。这样，你想要消耗对方牌力的目的也就达到了。反之，你如果先打一个小对子，东家只要用对 K 就把你封住了，并且会打出 10JQKA 的顺子，逼着南北方要先用炸弹，如果这样，下面的牌局就比较复杂了。

3. 相互传牌要默契

在残局阶段，当搭档有可能争取上游时，你的传牌一定要精准，而且要争取避开下家的阻拦。例如，当你搭档的牌剩下 14 张、10 张、9 张、5 张这种张数时，一般投送 5 张牌过去，而当他是剩余 12 张、8 张、7 张、4 张、2 张这种张数时，一般先投送 2 张过去，从而有利于搭档形成冲刺牌或"净火"。

当然，前提是一定要读清楚搭档手中的牌情，如他手中的 5 张牌是一个单张级牌加四张的炸弹，你就要送单张过去，而不能打三带对或顺子，否则就把出牌权送给对手了。

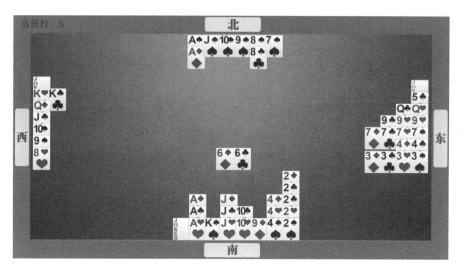

上图这个牌例，北家剩余 8 张牌，是 5（同花顺）+2+1 的牌型，而南家在分析出他的手中单张比较小而对子会比较大时，就必须要连续送对子过去，只要让北家套过一对 A，他就可以冲刺成为上游。

当你的搭档或对手剩下 2 张或 3 张牌，他是三同张？是对子？还是单张？如果能够算准队友需要

的牌并送过去，就容易使他顺利过关获胜。

4. 出牌张数要让对手难受

在对手剩余 10 张、9 张、8 张、7 张、6 张、5 张、4 张、3 张或 2 张牌时，都分别有相应的控牌技巧，这时就要善于攻其牌型的"软肋"，使对手感到难受。

掼蛋口诀，对手剩余牌分别对应打法是：10 张打 2 张，9 张打 1 张，打成 8 张就明朗；7 张或 8 张，就应打 5 张；6 张打 3 张，5 张打 2 张，这样的打法很快就可以试探出对手的牌型，并且有效防止让其成为"净火"而轻松过关。

当然，这里有个前提条件，就是判断清楚对手的牌力与牌型，不要打对手的优势牌型，而是要打自己能打能收的牌型，同时，根据下家手中余牌张数出牌也不是教条的、机械的。

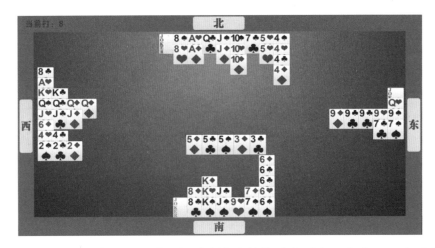

上图这个牌例中，虽然东家有 9 张牌，但是应该清楚他手中还有一张大王，这时南家领出牌就要打出三带对，然后接着打对子，最后再打单张，则可以把上游稳稳收下。但是如果先打一张小 9，让东家套过一张 Q，则上游就会是东家的了。

第三节 残局先逼对手出炸弹的技巧

1. 谁先出炸谁被动

在残局阶段，很重要的一个方面就是看谁先把对手的炸弹逼出来，从而消耗对手的有生力量，减轻对己方构成的威胁。在残局双方牌力比较势均力敌时，往往是谁先出了炸弹，谁就会处于被动，形成另一方对局面的管控权与主动权。

反之，如果在自己发起冲刺时疏于防范，打牌的次序不对，则很有可能被对手顺套后以大炸弹冲刺，捷足先登。

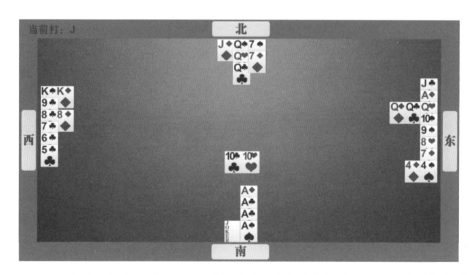

上图这个牌例中，南家自认为先出一对10比较安全，而大王容易套过。结果被西家套了一对K以后，南家只能先上炸，由此就失去了成为上游的机会，如果南家先出一张大王，逼得西家先开炸，则上游就肯定归南家所有了。

2. 逼炸的技巧

① 先出大（小）王逼炸。

② 用顶牌逼炸，顶牌主要是指这种牌型最大点数的牌张，如打出 10JQKA 的顺子，或者是 AAA 的三带对等。

③ 用顶嘴牌逼炸，顶嘴牌主要是指打出的一手牌与对手这种牌型的最大点数一样大，他无法压过你。例如，对手有一对 A，你就先上一对 A；对手想过级牌则你就先上级牌或小王等。

④ 打出对手不要的牌型逼炸，如对手不要顺子牌型，你就打顺子；对手如果都是顺子的牌型，你就打三带对，前提是一定要能收回来。

⑤ 用小炸弹逼出对手的大炸弹，这样既可以先封一下对手的牌路，也是为下面的冲刺扫清障碍。

第四节　阻截对手提前冲刺的技巧

1. 冲刺与净火

① 冲刺一词在掼蛋比赛中经常会用到，一般是指手中只剩下两手牌，先用一手较大的牌（多为炸弹）开路，然后再打出一手普通牌型并成为上游，这种局面就称为冲刺。如果是两个炸弹＋一手普通牌，虽然有三手牌，但也算进入了冲刺。

② 如果只剩一手牌还是一个炸弹，或者手中的两手牌都是炸弹，则称为净火而不算冲刺。

下图这个牌例中，南家的 10 张牌，分别是五张 2 的炸弹和三个 8 的三带对，这就形成了冲刺的牌型。东家的 10 张牌，分别是 910JQK 的同花顺和用红桃级牌 A 组成的 777 的三带对，也形成了冲刺的牌型。而西家的 8 张牌是两个炸弹，就是净火的牌型；位于上方的北家手中同样是 10 张牌，但是要走四手，他就没有形成冲刺。

2. 投机冲刺

在掼蛋比赛过程中，即使那些记牌高手能够记住静态的出牌情况，但是因为牌局的动态变化特别是有红桃级牌配牌组合的变化较多，要在很短的时间内完全算清楚各家的牌张情况，并始终采取正确的应对措施，难度还是很大的。因此，有些高手会在比赛中用挑战对手的心理能力与临场决断能力的打法而兵行险招，用先打大牌、后打小牌的技巧来进行投机冲刺，也是获胜的法宝。

下图这个牌局，南家用大王接手后，手中是一副大三带对和一副小顺子，这时他可以先打出AAA+QQ 的三带对，对手很容易误认为他下面必然是一手炸弹，所以干脆放他走牌，他这时再打出小顺子就容易投机冲刺成功。而他若先出小的顺子，再留一个大的三带对等待搭档送牌过关，则一般不算作是冲刺成功。

入门到精通

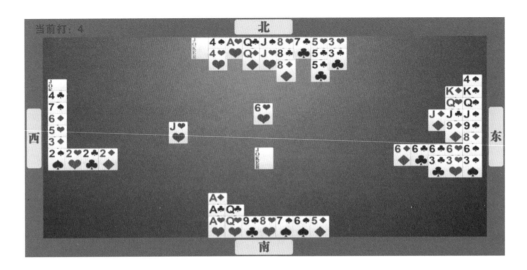

　　下图这个牌例，在用对 A 取得领出牌权后，可以毫不犹豫地打出一张大王，让对手以为他手中必然还有一个大炸弹，所以就放他继续出牌，再把一手小顺子打出来，这是比较典型的利用投机打法冲刺成功的案例。

3. 提前阻截对手进入冲刺

在对方 10 张报牌前后，有时甚至是在已经达到 20 张牌左右时，就已经进入到准备冲刺的关键时刻了。而如果让对手进入 10 张报牌后再进行阻击，往往已经来不及了。

高手们打牌时都很重视加强远程预警意识，会提前阻截对手在冲刺前的一两手牌，只要不让对手轻易过这关键的一两手牌，他就不容易顺利冲刺成功。

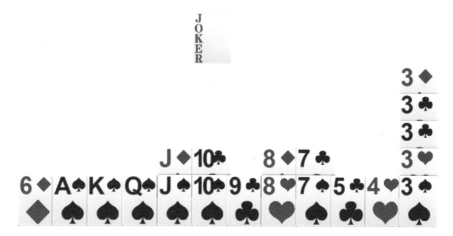

上图是一个在剩余 20 张牌时就可以进行冲刺的牌例，在用大王取得领出牌权后，先打一手 45678 的顺子，如果遇到对手阻击，可以先用 33333 的炸弹开炸，因为他还有一手黑桃 10JQKA 的顶天同花顺和一手 78910J 的杂顺，如果对手没有六张的炸弹，则大概率就夺得上游了。所以，高手们往往会选择先把他这张大王炸掉，然后再追炸 33333 的炸弹，这样，他就不一定能当成上游了。

4. 守底家要及时开炸

在残局中，当你的牌拦不住对手的牌，又是处于最后守底一家的时候，一般就需要及时开炸，从而不让对方形成冲刺。

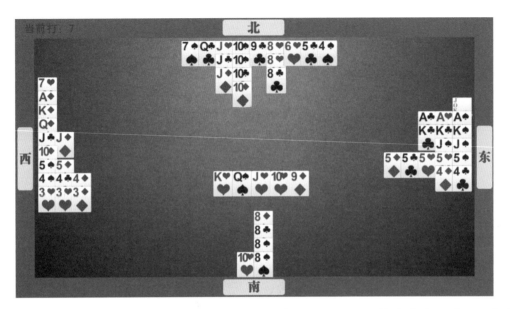

上图是守底家首先要开炸的牌例，如果不开炸，南家打出一张 10，就会成为上游。西家应该先用红桃级牌 7 配成 3333 的炸弹先炸南家这个顺子，然后根据打顺子必然缺三带对的牌理，大胆打出三带对送给东家，如果南家开炸，则东家要用 55555 跟炸后继续打三带对，如果北家用梅花 8910JQ 开炸，则西家可以用方片 10JQKA 再跟炸，然后传牌给东家。

第五节　残局使用炸弹的技巧

1. 一手炸弹 + 一手强牌，可以先开炸

一手炸弹 + 一手强牌，遇到对手阻拦你的牌路时，可以先开炸。例如，当你有一个炸弹 + 一张大王，或者是一个炸弹 +AAA 的三带对时，可以先用炸弹，万一冲不过去，你的搭档可以传牌来救你过关。

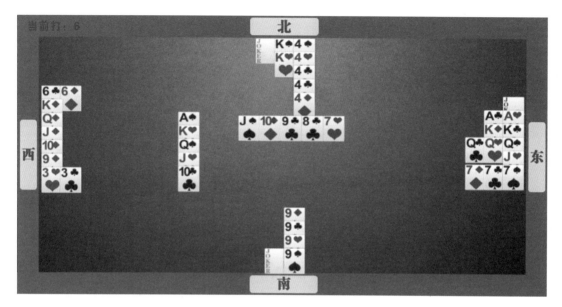

上图这个牌例，北家打出 78910J 的顺子，西家出 10JQKA 封住，则南家必须开炸，如果他不炸，他的搭档也不炸，而西家先出对 3，再用级牌对 6 收回，还有方片 910JQK 的同花顺，南北家原来稳稳的上游就失去了。

2. 对手为其搭档传牌冲刺要及时开炸

当你的上家为其搭档传牌，而你的下家有可能套过这一手牌就形成冲刺时，你要么直接上大牌封顶，要么直接开炸阻截，然后再改打己方的优势牌型。

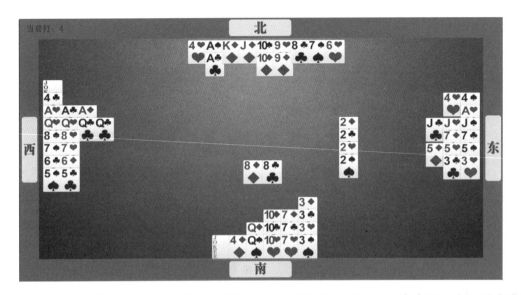

上图这副牌例，南家送一对8，北家只要套过一对A就稳获上游。这时东家就必须开炸封住牌路，改打单张A或三带对给西家，西家接手后打出三连对，他还有四张Q的炸弹守底，这样，上游就一定是东西家一方的了。

3. 对手剩余五张或六张牌时，要及时开炸

当某位对手剩余五张或六张牌并有领出牌权时，要及时开炸，不要让他有可能偷跑成功，当然，如果能够判断出他有一个大的同花顺或者是净火时，则不宜开炸，不做无谓的牺牲。

4. 小炸弹要先发挥作用

我们反复强调小炸弹要早用、先用，以发挥它的作用。否则到了残局的最后阶段，小炸弹可能想用也用不上了。

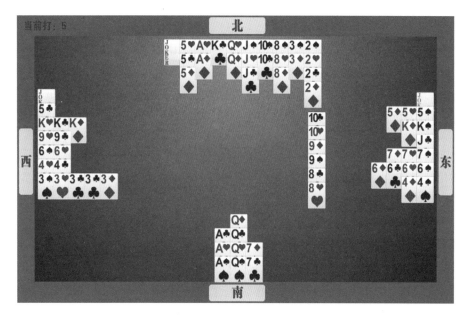

上图这个牌例中，东家打出 88991010 的三连对，北家四张 2 的小炸弹一定要先开炸，然后为还有九张牌的南家送去一个三带对，就有可能助攻南家成为上游。

5. 相信搭档守底

当上家出的牌你无法阻挡，而下家也不需要套过这一手牌时，就不用急着开炸，可以放过去让你的搭档来负责守底，说不定这手牌正是他想要的，即使他不要，炸不炸也要由他来作决定。

6. 不盲目炸强敌

如果对手某一家牌力太强大，己方完全无法阻挡他成为上游，这时就要放他成为上游，不能轻易开炸去与他硬拼，而是要集中二人的牌力打另一家。做出"放一家，打一家"的决定在比赛中有时是很令人纠结的，但是往往需要作出这种明智的选择。

7. 用准最后一个大炸弹

当手中有一个大的同花顺或者是六张的炸弹时，一定要用来盯住对手最有威胁的那个牌手。有时对手有一人看似猛打猛冲，其实最后手上就是二三张小牌或者单牌，而这时你忍不住把大炸弹用上去，就会让他的搭档渔翁得利，用一个不大的炸弹成功发起冲刺。如果能多忍一下，就有可能用这个大炸弹把真正有威胁的对手阻拦在冲刺半途中，并把争夺上游的主动权牢牢掌控在己方手中。

8. "枪不打四"与"枪要打四"

"枪不打四"是掼蛋的一句口诀,意思是说在残局时,对手手中只剩下四张牌,一般都会是一个炸弹,所以就不要去压他的前一手牌,不去浪费自己的炸弹或是大牌,让他把炸弹空放出来。而在比赛中,高手们往往会先把炸弹都拼上,然后剩下四张牌,有可能是 3+1 的牌型,如是一张大王带一手 555 的小三同张,他把 555 打出去后,手中的一张大王就会给对方带来巨大的压力;又或者他手上剩下的四张牌是两个对子,其中一个是小对子,而另一个是级牌的对子,他如果先把这个小对子打出去,同样也会给对方带来巨大的压力,这就是利用了"枪不打四"的说法来打所谓的"投机牌"。

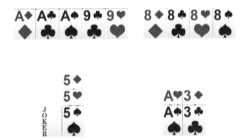

上图两个剩余四张牌的牌例中，应根据其已经打出的牌型，对这四张牌进行分析判断，特别是他手中如果还有一张大王时应该是容易判断的，如果能判断他不是一手炸弹，就必须"枪要打四"，炸掉 AAA+99 的三带对或者是跟炸 8888 的炸弹，不让他把 555 或者是对 3 打出来，然后反打他难受的牌型，使他的"投机"企图变成竹篮打水一场空。

第十九章　记牌的技巧

1. 记牌是算牌的基础

记忆是智力活动的基础，记牌是为了算牌。掼蛋共有 108 张牌，其随机性分配与动态的组合变化非常复杂，只有把握一定的记牌技巧，及时记住不断变化的牌张情况，才能帮助牌手运用逻辑思维进一步演绎、推算出各家手中未出的牌张、牌型与牌力情况，从而打好下面的牌局。记住的牌越多，就能帮助你更好地进行演绎推理与分析计算；算牌的水平越高，打掼蛋时取胜的希望也越大。

2. 养成记牌的习惯

对于普通的掼蛋爱好者来说，虽然没有必要去提出太高的记牌要求，但是既然要参加掼蛋活动，那么适当的记住一些牌张与牌型还是很有必要的，如果能够不断提高记牌水平，对于提升掼蛋牌技，增加打掼蛋的乐趣都会有比较好的促进作用。

根据很多牌手的体会，其实掼蛋记牌并没有那么神秘，也没有那么困难，只要我们平时注意养成在打牌时随时记牌、随时分析牌局的良好习惯，就能基本满足打掼蛋的需要。如果再能够去重点掌握住一些记牌的技巧，平时打掼蛋养成应用这些记牌技巧的习惯，能够更多去记住那些关键的牌张，对于掼蛋的牌力提升更有益处。

3. 掼蛋记牌技巧表

掼蛋有技巧，记牌也有技巧，下面这个五个层级、16 项记牌技巧，就是笔者研究归纳整理的记牌技巧要点，读者可以各取所需，以利于提高自己的记牌水平。

掼蛋记牌技巧表

序号	牌手层级	记牌技巧要点
一	入门级	1. 记住自己手中 27 张牌和桌面上的贡牌、还牌 2. 记住大王、小王打出的情况，推测剩余的会在哪家手中
二	初级	3. 记住两张红桃级牌与六张级牌打出的情况，推测剩余的会在哪家 4. 记住三家打出的牌型，特别是搭档打出的牌型 5. 记住已打出的张数多的牌型，分析炸弹情况
三	中级	6. 记住自己手中的断张，成炸弹可能性很大 7. 记住打出的 5 和 10，分析会不会还有顺子 8. 记住 A 和 K 打出了多少，剩余多少，推测会在哪家手中 9. 记住三家不要的牌型，分析牌局形势
四	高级	10. 残局前后要分别记住三家不要的牌点数 11. 记住小点牌张数，分析有无 6 张的大炸弹 12. 记住 Q 以下的牌，记得越多越好 13. 记住出牌的花色，分析有无同花顺
五	超级	14. 能记住打出的所有牌张，推理计算出另外三家在残局阶段时各自的牌张情况 15. 能通过在开局阶段的出牌情况，演绎分析出各家的牌型、牌力及对本方威胁最大的对手 16. 能轻松记住过往的若干重点比赛牌局并可以复盘

4. 入门级记牌技巧（两种）

（1）记住自己手中 27 张牌和桌面上的贡牌、还牌

刚开始打掼蛋的牌手，首先需要去记住自己手中全部的 27 张牌，而且要分析并记清这 27 张牌可以有哪些组合变化，这样就先直接记住了四分之一的牌。然后根据自己的牌力以及桌面上的贡牌、还牌情况，对整个牌局进行初步的评估分析，明确自己的定位。

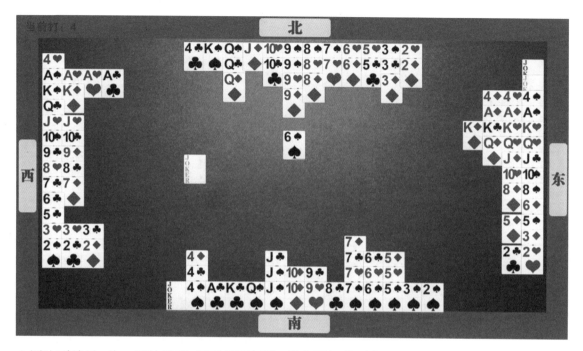

上图这副牌局，从一开始贡牌、还牌就要记牌，首先要记住西家贡了一张小王，北家还了一张黑桃6，然后对于自己手中有哪些牌、可以有哪些组合变化等，都是一定要记住的。

（2）记住大王、小王打出的情况

记住大王、小王打出的情况，分析判断出剩余的大王、小王会在哪家的手中，这也是对初学掼蛋者最基本的记牌要求，这样在打单张的时候你就能心中有数。

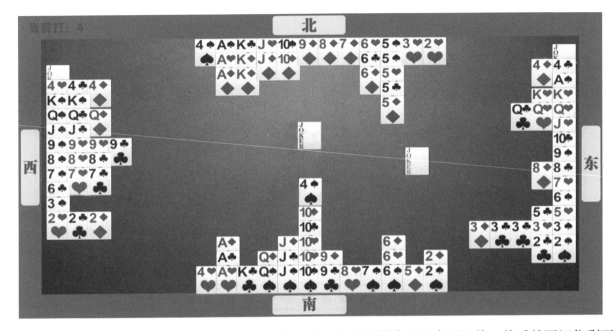

上图这副牌局，级牌 4、小王和大王都有打出来，首先就排除了四大天王炸，然后就要记住剩下的大王、小王的张数，并且可能在哪家手中。

5. 初级记牌技巧（三种）

（1）记住两张红桃级牌与六张级牌打出来的张数

红桃级牌在每副牌局中只有两张，但是其对牌局的影响是非常大的，并且经常会被高手们在最后的关键时刻派上用场，因此，对于红桃级牌是否出完，一定要记得清楚，并且要推算出有可能在哪家手中。

除了红桃级牌以外，其他六张级牌在牌局中的作用也很大，特别是当打对子、打三带对时，它的作用往往相当于炸弹，可以直接封顶，而当大王、小王都出来时，它又可以在打单张时进行收回，所以也要优先考虑记住。

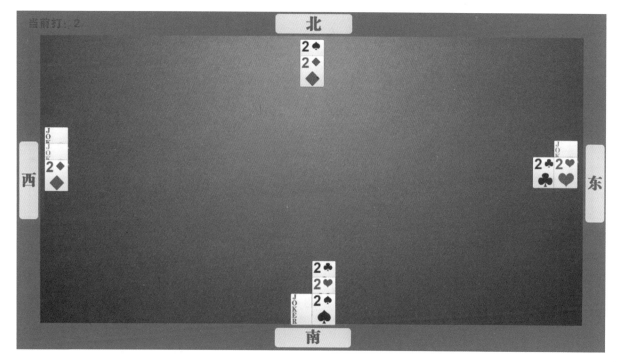

　　上图这个牌例标明了大王、小王和六张级牌 2 与两张红桃级牌 2 的分布情况，在比赛中需要不断记住打出的张数与剩余的张数。

　　（2）记住三家打出的牌型

　　牌局的各种牌型都是相互影响的，有的是此长彼消，有的是共生共存，相对来说会有一定的规律。如打对子多了，则可能会有顺子，而三带对则肯定比较少；打三带对多了，则顺子肯定会比较少，炸弹也不会很多。因此，记住他们打出的牌型，特别是搭档打出的牌型，就会有利于你分析推算出他们剩余牌型的特点，进而打出你的优势牌型，或者为搭档进行传牌助攻，特别重要的是，要尽可能准确推算出搭档最后的几张牌是什么牌型，是整手牌还是一手烂牌。

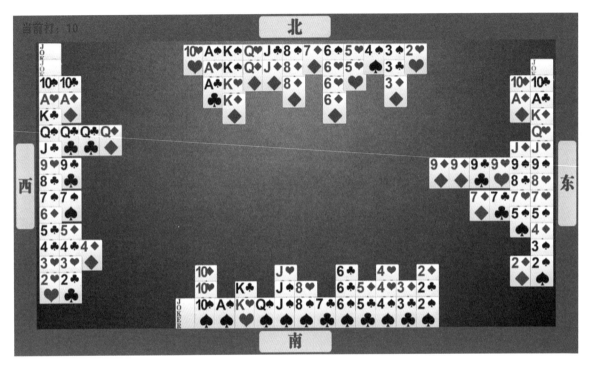

　　上图这个牌局中，南家如果打三带对，就不大好打顺子，如果组一个梅花小同花顺，则就需要打顺子并可以用10JQKA收回，但是就无法打三带对了；东家只能主打对子或顺子而没有三带对；西家可以打对子，也可以有顺子；而北家如果打三带对，则有4和7两张小单张，如果打A2345的小顺子，则三带对就打不起来了。

　　（3）记住已打出的张数多的牌型

　　当某一牌点的牌打出来超过五张时，一般来说这个牌点的炸弹基本就不存在了。而某一牌点的牌迟迟不出来或者只是以单张、对子或顺子的情况打出来，则相对来说成炸弹的可能性会更大，就要及时给自己提个醒。

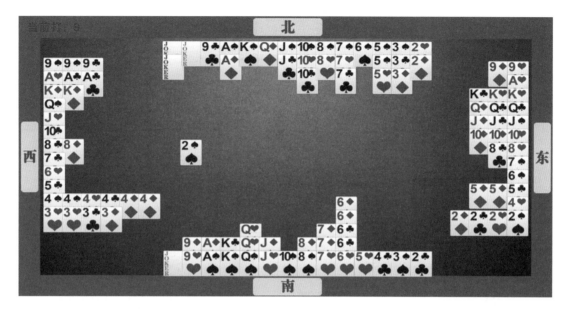

在这个牌局中，西家有六张 4 的大炸弹，如果最后时刻南家用方片 78910J 或黑桃 10JQKA（都是用红桃级牌 9 配）冲刺，则会被西家用六张 4 的大炸弹追炸而功亏一篑。所以，越是小牌，越要小心已经打出来了多少，是否会存在这样六张的大炸弹来封住你的冲刺。

6. 中级记牌技巧（四种）

（1）记住自己手中的断张

断张是指自己手中没有牌点的牌张，如果手中没有这个牌点，则这个牌点在外面成炸弹的可能性就很大。例如当你手中没有"8"时，则外面"8"成炸弹的可能性就比较大，而当有两家打出来的牌带有"8"时，则另一家手中有"8"炸弹的可能性就很大，特别是当另外两家打出的"8"只有一张或两张时，则这个"8"点的炸弹有可能会是五张甚至是六张的炸弹，这样，当你有可能在最后用同花顺冲刺时，就要慎之又慎。

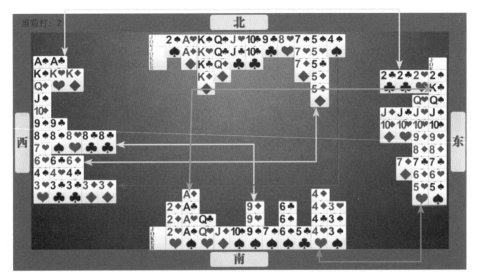

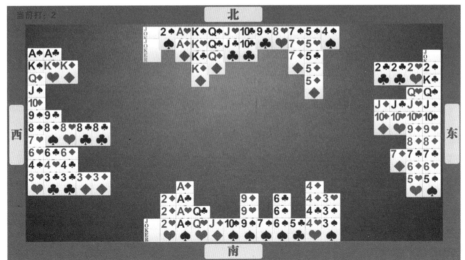

上图的这副牌局中，南家没有 8 和 K，而西家有五张 8，北家有四张 K；西家断 5，北家有五张 5；东家断 3、4 和 A，而西家有五张 3、南家有四张 4 和四张 A，这个牌例还是比较典型的。

（2）记住打出的 5 和 10

在掼蛋牌型中，所有的顺子都必须包含有 5 或 10，如果 5 或 10 都打出来了，或者剩下的都在你手中，则外面就基本没有顺子甚至同花顺了（用红桃级牌配牌的情形除外）。

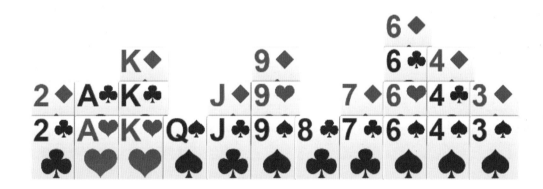

上图的牌例中，因为没有 5 和 10，又没有红桃级牌，是根本无法组成顺子的。

（3）记住 A 和 K 打出了多少

A 和 K 在牌局中都算比较大的牌，在除了单张的所有牌型中，A 和 K 的大牌作用都很明显，特别是在最后的关键时刻，它们的作用有时会非常重要，如果能够清楚记得它们已打出来了几张，推算出剩下的会在哪家手中，是不是有大对子或者是大的三同张，或者是炸弹（这个炸弹算大炸），则对于打好关键牌会非常有用。

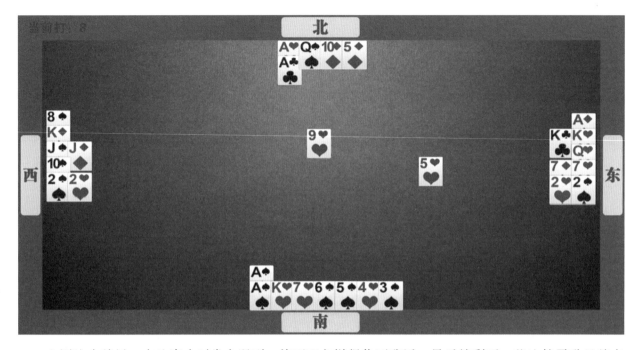

上图这个牌局，在比赛中时常会遇到。前面双方拼得你死我活，最后就剩下一些比较零乱且牌点比较小的牌，而这时对于 A 和 K 如果还能够记得比较清楚，则会对打好残局有好处。

（4）记住三家不要的牌型

在一个牌局中，各种牌型都会相互影响，而且有一定的规律性。如打顺子不要的人，则他可能会有三带对；打单张不要的人，则说明他手中都是整手的牌型；反之亦然。而当对手手中只剩下十张、九张、七张或五张牌，桌面上其他三家打什么牌他都不要时，则一定要警惕他用大炸弹冲刺，甚至已经是净火了，这个时候你的出牌一定要非常谨慎，用炸弹时一定要三思而后炸。

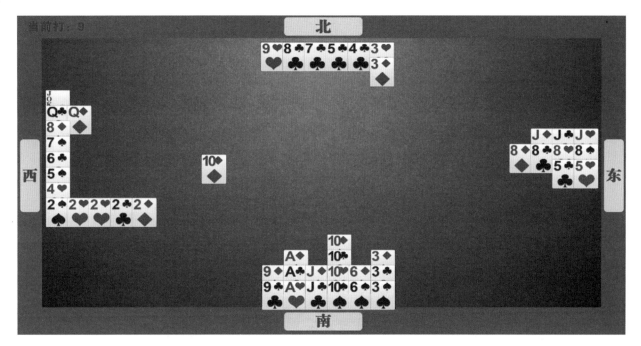

上图的牌局，西家打单张 10 或 45678 的顺子，其他的三家都不好要牌，因为他们都是整手的牌型了。北家是梅花 45678 的同花顺，完全可以冲刺了。东家也是一手冲刺的牌型，但他最好是要等过一手三带对再冲刺。

7. 高级记牌技巧（四种）

（1）残局前后要分别记住三家不要的牌点数

当比赛打到中局以后特别是到了残局阶段时，大牌张和大牌型出得也差不多了，这时，往往会有些小牌在等机会顺套，然后再进行冲刺；也有可能手中就是一把小牌，在记住前面已经打过的牌张的基础上，认真分析推算出现在对手不要的牌点数，考虑他是压不住？还是整手牌不肯拆？还是想套小牌再冲刺？这就要考验高手们记牌与算牌、掌控牌局的功力了。

（2）记住小点牌张数

记小牌的牌张数重点是为了防六张或五张的炸弹。在掼蛋比赛中，许多高手都会尽可能去组成六张的炸弹，主要是用来压制对手可能会有的大同花顺冲刺或者是留着用来进行冲刺。一般来说，要靠记牌来推算出有六张的炸弹不是很容易。但是，有一种记牌技巧，普通牌手们也是容易掌握的，就是在双贡牌与双还牌时，例如受贡方双双还了一张2，而下游方的领出牌者第一手出牌或很快就把一对2打出来了，或者用三带对带出来，则他们另一位牌手就很可能会有六张2的炸弹。

上图这个牌局，南北家各还了一张小2，而西家首出牌就打出对2，则大概率东家会有六张2的大炸弹，所以南北家在最后冲刺时就要分外小心。

（3）记住Q以下的牌

许多掼蛋高手都能记住K和A及以上大牌的张数，如果能再进一步记住Q以下牌点的张数（当然是越多越好），对于他们边打牌、边算牌、边掌控牌局的帮助作用就更大了。

（4）记住出牌的花色

能够分别记得牌局中所出的各个牌点的花色情况，然后推算出有哪些花色的牌张还可能会组成多大的同花顺，是顶尖掼蛋高手具备的能力，对绝大多数牌手来说很难做到。

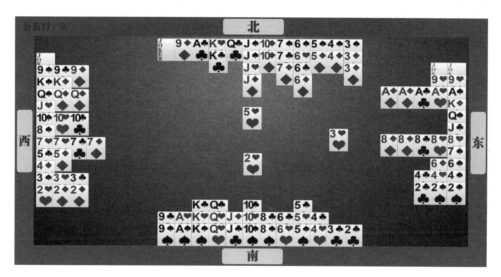

上图这个牌局中，北家分别有方片和黑桃两个小同花顺，而南家则有两个梅花同花顺，打着打着，他们的花型特点就会暴露出来，如果能够一直记住他们打出牌的花色，就有可能分析和推算出他们手中同花顺的花色与牌点数。

8. 超级记牌技巧（三种）

（1）推算中局阶段牌力

通过打出来的两三手牌就能够推理计算出另外三家在中局阶段时的牌力情况。

上图是一副中局的牌局，打到这个阶段，高手们一般都能够比较准确地推算出大王、小王与级牌还有多少张，他们会在哪家手中，对于各家牌型与牌力的基本情况和外面炸弹会不会很多的情况也都马上能够判断出来。

（2）找出威胁最大的对手

能通过在开局阶段的出牌情况，演绎分析出各家的牌型、牌力，并找出对己方威胁最大的对手。

（3）复盘分析研究

能轻松记住过往的若干重点比赛牌局，并可以通过回忆进行复盘分析研究。

9. "2468-" 重点记牌法

"2468-" 重点记牌法，读作 "2468 减" 记牌法，这个记牌法就是要求能记住 20 张重点大牌。

① "2468-" 里的 "2" 是指两张红桃级牌。

② "2468-" 里的 "4" 是指四张大王和小王。

③ "2468-" 里的 "6" 是指六张级牌。

④ "2468-" 里的 "8" 是指八张 A。

⑤ "2468-" 里的 "-" 代表减号，是指要运用减法不断进行累计。

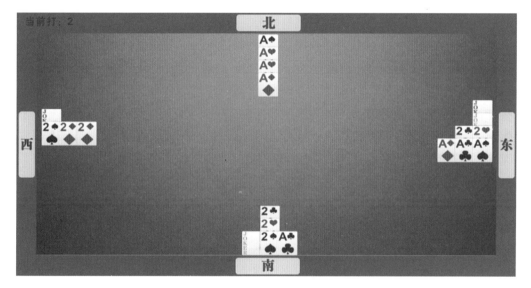

上图是 20 张重点大牌的图例。

10. "2468-" 重点记牌法如何使用

① 在打掼蛋时要养成记 "2468-" 重点牌张的习惯。

② 在抓到一手牌后先要看自己手中有多少 "2468-" 的牌张，然后用 "2468-" 的各项总数先减去自己手中的这些牌张数，得到外面还有多少张 "2468-" 的牌张数，并在口中默念这个张数。

③ 在牌局中，"2468-" 每打出来一张，就要继续默念减去这个牌张后的数字。

④ 根据牌局中不断打出的"2468−"的牌张数，滚动累计还剩下的这些牌张数，还要推算这些牌张数可能分布在哪家，从而为打好下面的牌局及如何出牌提供判断依据。

11. 促进提高记牌能力的方法

（1）及时回忆

对刚打完的一些重点牌例应及时进行回忆与分析，找出一些值得参考的经验教训，如因为自己未及时开炸，让对手因多走了一手牌从而冲刺成功等教训，就很值得及时回忆与分析，也可以在事后再做个记录，以避免今后再重复犯类似的错误。

（2）联想技巧记忆

把一些打牌的重要技巧与你打过的各种牌例联系起来进行回忆联想，就会有效提升对于打牌技巧的理解。例如，一次比赛与搭档的配合是否默契，一些让牌或传牌的时机是否合适，有哪些成功的配合牌例或因配合失误而导致失败的牌例等，会有助于进一步提升配合的精准程度。

（3）情景记忆

把你要记的内容放在一个特定的环境中，例如你是在什么环境中打牌的？是与哪些人一起打牌的？当时有哪些特殊的牌型？为什么会打出这样的结果等，这样既容易记得住，也方便时常回想。

（4）强化记忆

对于比较难记的内容可以反复进行强化记忆。例如，对于掼蛋口诀或记牌技巧可以经常进行诵读记忆，在比赛中不断提示自己要强化记重点牌张和花色等，只要养成好的习惯，就会有利于尽快达到熟练掌握的目的。

（5）加强锻炼促进记忆

适当加强身体锻炼，按时作息，不但能增强抵抗力，还能让大脑细胞得到充分的锻炼和滋养，有助于促进记忆力的提升。

第二十章　减少失误的技巧

掼蛋比赛有多达 108 张牌的随机分配，特别是大王、小王与红桃级牌的不同分布以及炸弹的多少，必然导致各家手中的牌力不可能平均化。因此，有时牌力会比较强，有时牌力会比较弱，这些都是掼蛋比赛中的常态，不能因此就片面去说掼蛋比赛的胜负都是靠手气因素。

从竞技体育的规律来看，影响掼蛋比赛胜负的主要因素有以下五点。

① 牌手之间各种技术能力与应变能力的强弱。

② 搭档之间各种攻防战术配合的合理运用。

③ 能否充分发挥出较好的竞技状态与较好的判断力。

④ 心理素质与抗压能力是否足够强大。

⑤ 有一定的手气因素影响，但是手气因素始终处于动态变化中。据统计，在比赛打牌总数达到 50 副以上时，基本可去除手气因素的影响。

掼蛋是一项高度依赖团队配合的项目，牌手们很难做到一点错误也不犯，一点失误也没有，因此在比赛时哪一方犯错误越多、失误越多，取胜的可能也越少。所以，我们在不断提高掼蛋技巧的同时，也要注意减少失误，特别是尽量不要犯常识性的错误，才能抓住战机赢得比赛。

掼蛋中容易输牌的主要原因有以下几个。

① 双方四名牌手中，某方有一人或两人的技战术水平明显较弱，则这一方就容易输。

② 双方四名牌手水平都比较高，则配合不默契的一方就容易输。

③ 双方四名牌手水平与配合默契水平都差不多，则临场发挥（包括技术状态与心理状态）比较差的一方就容易输。

④ 双方四名牌手中，有一人在牌局中出现的失误相对比较多，则他这一方就容易输。

第一节　组牌类错误

1. 固定死牌型

有些初学者往往会把全手牌组成固定牌型，在头脑中固化成一套理想的出牌计划，然后作茧自缚。当对方封住你的牌路打其它牌型时，因为不会变化组牌，要么只能任凭对方横冲直撞而束手无策，要么就盲目开炸。"随牌而变"是掼蛋的活力所在，只有尽可能保持适当的"活牌"状态，根据牌局变化进行新的组合排列，才是取胜之道。

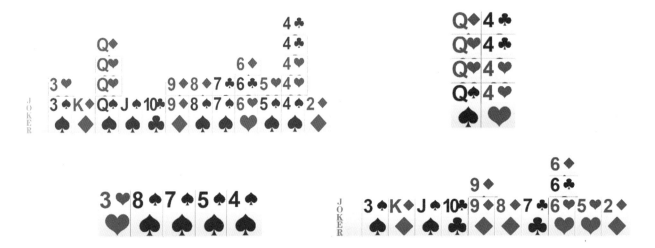

上图所示南家的这副牌，在新手的手中，可能就会像下面三张牌例图一样组死了，特别是在一定要组出一个同花顺的情况下，他在应对牌局的变化时就太过死板了。

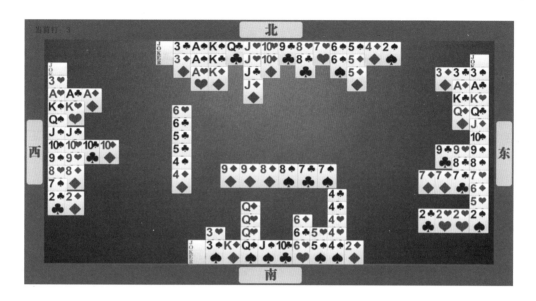

　　上图所示牌局，当西家首出三连对后，轮到南家出牌，如果是有经验的选手，他马上就会改变原先组同花顺的理想牌型，改为先上 778899 的三连对压一手，由此很有可能多获得一次出牌权，然后再打出单张 2。而这张红桃 3 的级牌也不要急着配 666 的炸弹，甚至要尽可能保留在最后组成六张 4 的炸弹，以防备西家最后用同花顺冲刺。

上图这个牌例，初学者可能会把这副牌主要以三带对来打，因为这样打起来很顺手，牌走得也很多。如果固定死了三带对这个组牌方法，这副牌就没有什么胜算了。

如果按照上面三张图例所示来变化组牌的话，既灵活多变，又可能获得上游，看右上方的445566、778899，两个三连对就很有威胁，还可以在对手打顺子的情况下，进行压牌和跟牌。当然，如果能够以 AAA+22 先接手的话，还是以打两个三连对为优先选择。

2. 组炸过于求大

为了组一个比较大的同花顺，多增加了几手零乱的牌而不好跟套打出去，反而给自己带来较大被动。

　　上图这个牌例，如果另一张大王不明确是在搭档手中的话，就没必要强行去组一手红桃 910JQK 的大同花顺，因为这样会增加了 9、Q、K 的 3 张单牌，如果不组同花顺，则无论打单张、对子、三连对或是三带对，都比较容易跟牌套过，成为上游的机会就会比较多。

3. 不善于拆大牌

　　比赛中经常会需要拆王对或级牌对子，甚至需要拆四大天王炸或级牌炸、A 炸等。如果不善于拆大牌、舍不得拆炸弹或拆牌不及时，往往可能贻误战机。

　　上图这个牌例，如果打单张或对子，对手上了级牌 5，则这个天王炸就要马上拆牌压牌，不能让对手用级牌取得出牌权。

上图这个牌例也是打 5，如果对手主打对子发动进攻，则一定要尽早将四张级牌 5 拆分成两对来封住对手（可以封两次），然后改打三带对及单张 4。先要留着 910JQK 的杂花顺，有可能会再压住对手打出来的顺子（一般来说主打对子，必有顺子）。再用红桃级牌 5 配组成方片 8910JQ 的大同花顺，这副牌就会很有威力。

4. 过早使用红桃级牌

红桃级牌是掼蛋比赛中最大的变量因素，掼蛋高手拿到红桃级牌后，一定会非常慎重地反复进行配牌比较，在比赛中用它来适时变换组合成更优的牌型来应对牌局的变化，从而把它的效用发挥到极致。

而有些初学者往往早早地就把红桃级牌夹带在小牌中处理掉，如组成小三连对或者是小顺子等，这些小牌早打出去，反而让对手接过去出牌。

上图左边这个牌例，早早就把这张红桃级牌 8 配成小三带对跟出去，认为这样就处理了两个小对子；右边这个牌例，急忙先把红桃级牌 8 配成小三连对打出去，结果被对手压过去出牌，这个失误就更大了。

红桃级牌一般要优先配"同花顺"，其次是炸弹，当然最好能配成六张的炸弹，成为有效压制对手大同花顺冲刺的威慑手段。

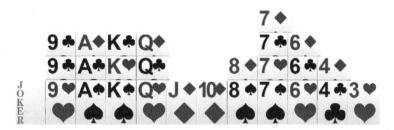

上图的牌例中有一张红桃级牌9，首先就应该要考虑用它组成方片10JQKA的大同花顺，次选也要用来配成方片8910JQ的同花顺，而不是配成四张的炸弹，这样其它的牌也都比较好走。

5. 红桃级牌闲置

在对手的牌型不断变化时，有些初学者会盲目跟牌，例如人家打顺子你也跟顺子，人家打三带对你再跟三带对，跟到后来牌型被完全打乱了，最后发现空有红桃级牌却无炸可配。

第二节　配合类错误

1. 不清楚配合的重要性

打牌时，只顾自己走得舒服，不顾搭档的牌情与牌型，牌差时不懂得如何牺牲自己当好助攻，牌好时不懂得帮助和带着搭档多走一两手牌，这样在漫长的比赛牌局中，是很难取得胜利的。

2. 不知道让牌

当搭档发动进攻或主动接上了你打的牌型时，一般就是表明他有想法了，这时你还要继续去跟牌压牌，就可能会顶住搭档的牌路，扰乱搭档的节奏和计划。除非你跟出这手牌后就具备了冲上游的优

势和机会，否则就要为搭档让路。

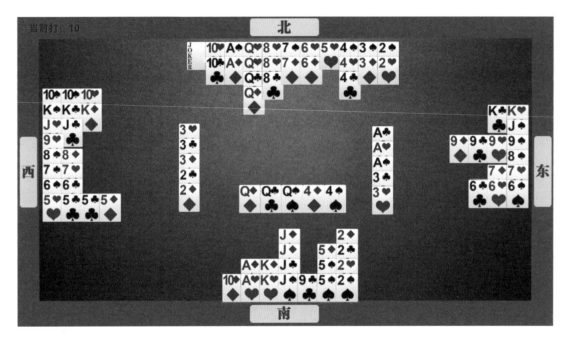

上图的牌例，西家首发小三带对，南家上了 QQQ+44，东家抢上了 AAA+33，就挡住了搭档西家 KKK+JJ 的三带对，如果北家或南家开炸，然后再打单张或对子，西家就不能顺利冲刺了。

3. 不给搭档牌语信号

当牌力比较强，已基本具备了争上游的条件时，一定要会给搭档打牌语信号，让他明白你所需要的牌型，不然你的搭档就可能无所适从，不清楚你是需要送单张、对子或三带对等，甚至会乱出一气，因而错过了获胜的机会。

上图这个牌例，前面一直是打对子进攻的，最后快到冲刺时，这对 A 就不要轻易先打出去，而是要把 56789 的顺子或者是方片 Q 的单牌先打出去，等着搭档给你送个对子过来接过一手，然后就可以用黑桃 8910JQ 的同花顺冲刺。如果认为打对子没人要了而先把这对 A 打出去，只要对手压过去或开炸，那么这个牌下面就很难有套牌的机会，搭档也不知道该传什么牌给你，就可能再也没有冲刺的机会了。

4. 不善于传牌

传牌技术是掼蛋配合中最重要的技术之一，传牌的常见问题，一是不清楚要多为搭档传牌，只顾埋头打自己的牌；二是不知道要传什么牌，有时传错了效果会适得其反；三是传牌不果断、不及时，如果你迟迟不为搭档传牌，则很可能会让他误解你没有这个牌型而匆匆改变自己的牌型，就会失去原有的大好机会。

如果长时间不注意搭档之间相互传牌的问题，还可能会相当程度上影响搭档之间的相互信任。

5. 不及时接搭档传牌

不接搭档牌不能绝对化，一般是要慎接，但有时要必接。

① 在不封死搭档牌路的时候可以垫牌。

② 在搭档明显无法接，例如对手用三张 K 的三带对压牌，而搭档明显没有三张 A，而你正好有大牌可以接时，就要果断接手，然后打自己的牌路。

③ 搭档明显是传牌给你时，则一定要第一时间接，有时很大的牌能接也要接，例如他有一对 A，你有一对级牌甚至一对小王，该接就要接过这一手，稍一犹豫，错过了机会，就可能后悔莫及。

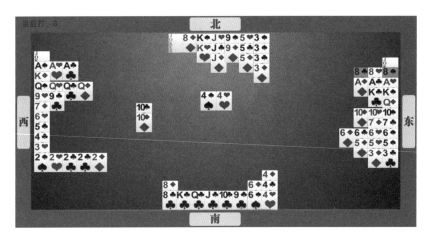

上图的牌局，北家送过来对 4，西家压了对 10，南家必须要用级牌对 8 接过来，这样他就可以成为上游了，如果认为还可以让搭档再跟一手，一犹豫放过了这一手，则东家就会先上对 8 封牌，改打三带对或单张，而南家因为手上多了这一对 8 无法打出去，就错过了成为上游的机会。

第三节　判断与决策类错误

1. 找不准在牌局中的定位

在抓好牌后，首先就要根据牌力找准定位并根据这个定位来打好牌。而一些掼蛋的新手往往很少去分析牌力分布与考虑在牌局中的定位或找不准定位，只根据自己手中的牌去单打独斗，根本想不到打掼蛋是团队的配合作战。

2. 优柔寡断，该炸不炸

掼蛋比赛中很重要的就是要选准炸点与及时开炸。有的人往往在关键时会犹豫不决，该炸不炸，错失良机，最后对手用大炸弹冲刺当了上游，自己手中还有几把小炸弹用不出去。

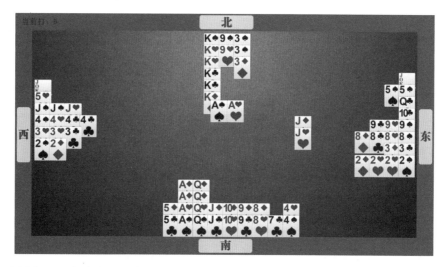

上图这个牌局中，北家冲刺，南家也快要冲刺了，可是东家和西家手中还各有两个小炸弹用不上去，两张大王也闲置了。

3. 对搭档的牌情判断不清

按照掼蛋配合的基本要求，在自己的牌力不是很强时，就要围绕搭档来打。可是有些人却不会判断搭档的牌情，因而就打不好配合，甚至会产生误判而把搭档也拖下水。例如，你的搭档打得很主动和很强势时，会有两种可能，一是牌力很强，强牌强打；二是牌力不强，弱牌强打，目的在于消耗对手的牌力，为你创造条件。如果判断清楚搭档是强牌强打时，你要主动配合，悄悄助攻；当搭档属于弱牌强打时，你就要适当让牌，不轻易改变自己的牌型，节约自己的火力，既要争取好的游次，还要在下面创造机会争取带走搭档。

4. 不坚持打自己的优势牌型

掼蛋比赛在很多情况下就是比双方的优势牌型，比赛中本方的某一种优势牌型不到最后冲刺阶段

不能轻易改变，一改变就可能丧失了优势，甚至引起牌局逆转。

　　例如，当对手双贡，大王和小王基本在己方手上时，却不去打己方单牌优势，而是与对手斗长牌（如顺子和三带对）或去打对子，往往就会正中对手下怀，到后面对手就可能利用炸弹的优势最终获得上游。

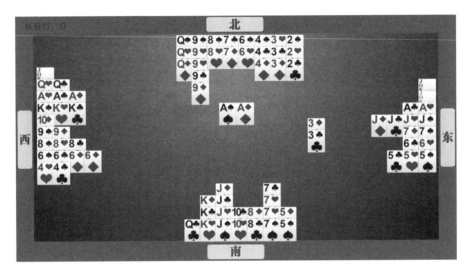

　　上图这个牌局（打 Q），大王和小王都在东西家，打单张的优势非常明显，只要坚持拆对子打单张，特别是西家接手后再打自己三带对的优势牌型，就会逼着南北家先开炸，这样东西家就牢牢掌握住了牌局的主动权。可是东家在关键时刻不打单张而打对 3，就让北家候个正着，用对 A 接手后，先打 222333，接着可以打 667788 的三连对，反而要逼着东西家先开炸，这样牌局的主动权就转变到南北家手中了。

5. 打牌不够理性

　　有的人打牌时会比较意气用事，用炸弹不够理性，盲目跟炸就是最常见的错误。有的人习惯见牌就压，见大王就炸，见到别人用炸弹就不服气，你炸我也炸，你用大炸，我就用更大的炸，这样往往手中剩下的牌已经惨不忍睹，全然不考虑一局牌的最终结果。

第四节 技术类错误

1. 只打不收

只打不收的问题在比赛中是屡见不鲜的。你如果只顾先把小牌打出来而没有相应的大牌收回，既会把出牌权轻易交给对手，还会让搭档造成误判。

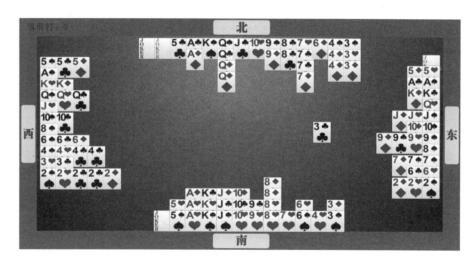

上图的牌局，东西家是双贡，而东家先打了小3的单张，就把下面的出牌权拱手让给对手，还可能会给搭档造成他牌力很强的误解。这副牌其实东家首发应该打对子或三带对，才能给己方带来牌局的主动。

2. 盲目顶搭档牌路

有的初学者往往在上家出小牌时，拼命出大牌去顶这个牌路，还认为是不让他的下家过小牌。例如，人家打一对3，他上来就用一对A，人家连续打小单张，他就连续用很大的牌来顶，其实常常也就阻挡住了自己搭档过牌，他的搭档这时可能会有一张较大的单牌或小对子多次被自己同伴挡住始终过不去，由此也不能冲刺成为上游。还有的牌手在上家出小的三连对或小顺子时就迫不急待用炸弹炸掉，却不知道搭档正好需要这一手牌来过牌。所以，遇到自己不好要的牌型先不要拼命去乱顶，要让搭档去守底，没准这正是搭档所需要的牌。

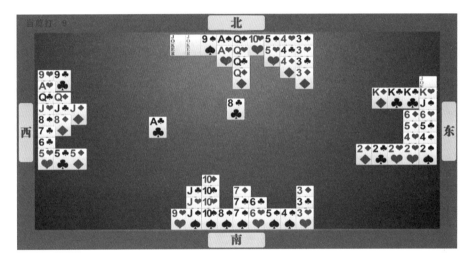

上图这个牌局，西家拆对A顶北家的小单牌，其实正好把东家的单张J挡住了套不过去，使东家失去了冲刺当上游的可能性。

3. 白用炸弹

掼蛋中有时会见到这样的情形：对手主打的对子或单牌，他没有大牌封住，可是在把他炸掉以后，还是忍不住要把自己的小单张或小对子打出来，再把主动权给对手送回去，这个炸弹用得一点价值也没有，反而是帮了对手的忙。

4. 选不准开炸时机

有的初学者在打牌时不善于分析对手的牌型，选不准开炸的时机。例如，当对手打三不带时见到就炸，全然不知可以让他把三不带多打点出来，可以让他先充分暴露出牌型。比如先打444，接着打777，然后还有999和AAA，这种牌型一般有两种可能，要么是好到你根本管不住，要么就是一手烂牌，打完三同张后手中都是单张，对这种牌根本不需要先开炸，要炸也要等他打到10以上的三同张时再炸。相反，如果对手打出小顺子，你和搭档都不要，这时就要及早开炸，要炸就炸第一顺，因为后面通常还有顺子，让他少走这一手牌，有时候会有很重要的作用。

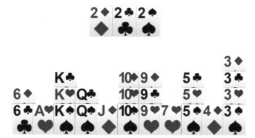

上图的牌例中，打三不带不必急着先开炸，让他打到101010以上或999101010后再开炸也没有问题。

上图的牌例中，如果让他连续打出 34567 和 910JQK 的两个顺子而不开炸，接下来再用红桃级牌 J 配组成梅花 8910JQ 的同花顺，就离上游不远了。所以对手出的第一手顺子就要用大顺子封住或者直接开炸。

5. 牌弱时不知道放一家打一家

当己方牌力较弱，而对手牌力很强时，不知道放走一家而集中火力去打另一家，非要去与对方硬拼，结果因为实力损耗殆尽而被打成双下，既让对手升了三级，又形成下一副牌要双贡的被动局面。

在对手打 A 时，按照规则，对手一游、四游不能算过关，在本方牌力明显不够的情况下，许多高手都是采取"放一家，打一家"的方法，使对手过不了 A 而保留继续比赛的机会。

6. 不记掼蛋口诀而犯常识性错误

例如对方剩五张或 10 张牌时还打小单张或打五张；残局时不知道要先出逼炸牌；贡牌、还牌不能仔细思量；对手主打顺子，你还要去打对子送牌给他；两个人在打牌时都不敢先冲先炸，而是互相等待从而贻误战机。

第五节　违犯规则类错误

1. 不注意看清牌

别人打出一对级牌，你没有仔细看就压上一对，就会被停出一次牌，打出来的牌也不能收回，要作为暴露张处理。

2. 出牌抽错牌

例如在出同花顺时把牌抽错了，打出牌后不允许调换，只能无奈丢掉了即将到手的上游。

3. 不能及时 10 张报牌

在正式比赛中，没有及时 10 张报牌，可能要被判罚。当你未报牌而出完全手牌后，有可能会被判下游甚至双下。

4. 出牌时夹带牌张

出顺子或三带对等多张的牌型时，往往会不注意夹带一张牌出来，在比赛时就属于比较严重的违规行为，可能要受到类似作弊行为的严重判罚。

5. 比赛出牌时，牌张的摆放顺序不对

竞赛规则中规定，出牌时必须一次性把一手牌放在桌上的出牌区内，顺子要按从小到大、从左到右的顺序排列，三带对按照三在左对在右的顺序排列，否则就要判罚出牌方式违规。

上图中，左上方的三带对摆放顺序是正确的，而右上方的三带对摆放顺序是错误的；左下方顺子的摆放顺序是正确的，而右下方顺子的摆放顺序是错误的。

牌友们打掼蛋时常会说：比赛无论胜负，重在减少失误；手气时好时坏，重在良好状态；牌场无需斗气，重在增进友谊。

掼蛋如此，人生亦如此，无论顺境逆境，都要保持良好的心态，才能通过以牌会友，交流沟通，合作共赢，才能在打掼蛋的过程中收获满满的快乐与幸福。

参考文献

国家体育总局棋牌运动管理中心编.竞技掼蛋竞赛规则（试行）.北京：人民体育出版社出版，2022 年 10 月.

掼蛋三十六诀

扫码观看详细解读

　　口诀可以把复杂的知识用简单的话来说明白，既浓缩了信息量，又增强了学习的趣味性，而且记得牢、用得快、传得远。

1. 组牌有诀窍，手数尽量少；
2. 组顺去小单，效果不一般；
3. 首发出单张，主攻我先上；
4. 双贡出单张，想把上游当；
5. 两个小单张，不打不健康；
6. 如果先打单，倒数第二单；
7. 情况如不明，对子可先行；
8. 有打要有收，无收暂保留；
9. 对方出一对，最怕三带对；
10. 要想搞破坏，就打三不带；
11. 小顺往前凑，大顺跟后；
12. 封顺封到头，让他没想头；

13. 打顺必有对，防对你就对；
14. 钢板有大小，留大不留小；
15. 自己没牌压，让给对家压；
16. 牌力比较差，全力保对家；
17. 头火无小大，炸上不炸下；
18. 残局易出事，枪要慎打四；
19. 对手剩五张，出牌出两张；
20. 对手剩六张，可以打三张；
21. 七张或八张，打顺或打夯；
22. 九张打一张，十张打两张；
23. 炸七不炸八，该炸还要炸；
24. 红配配大炸，你冲我不怕；

25. 要想能打赢，善于变牌型；
26. 残局先逼枪，对手会紧张；
27. 弱牌可逞强，强牌不示强；
28. 对家在拼命，你要留后劲；
29. 一动一不动，一主一跟从；
30. 两人都不冲，上游要落空；
31. 要想争上游，小炸不可留；
32. 骑马火压火，对手很恼火；
33. 贡还细思量，敌友不一样；
34. 牌差不能赢，不双下就行；
35. 牌技想提高，记牌不可少；
36. 比赛要打好，配合最重要。

注释：
1. 第 1 句中的手数是指一手牌能够几次出完的数量。
2. 第 6 句中的倒数第二单是指倒数第二小的单张。
3. 第 8 句是指主动打出去的牌型，自己要有很大的牌来收回。
4. 第 13 句中的打顺必有对，是指对子的意思。
5. 第 14 句中的钢板，是指三同连张，例如 555666 等。
6. 第 17 句中的头火，是指比较早用的炸弹。
7. 第 18 句中的枪，是指炸弹。
8. 第 24 句中的红配，是指逢人配，即红桃级牌。
9. 第 29 句的意思是搭档（对门）主打的牌你不要轻易跟牌压牌；当搭档主攻时，你要跟着他的牌型打，当好助攻。
10. 第 32 句中的骑马火，是指比对方的炸弹刚好大一点的炸弹，或者是用最小的炸弹炸大王以及其他牌型的最大牌点。